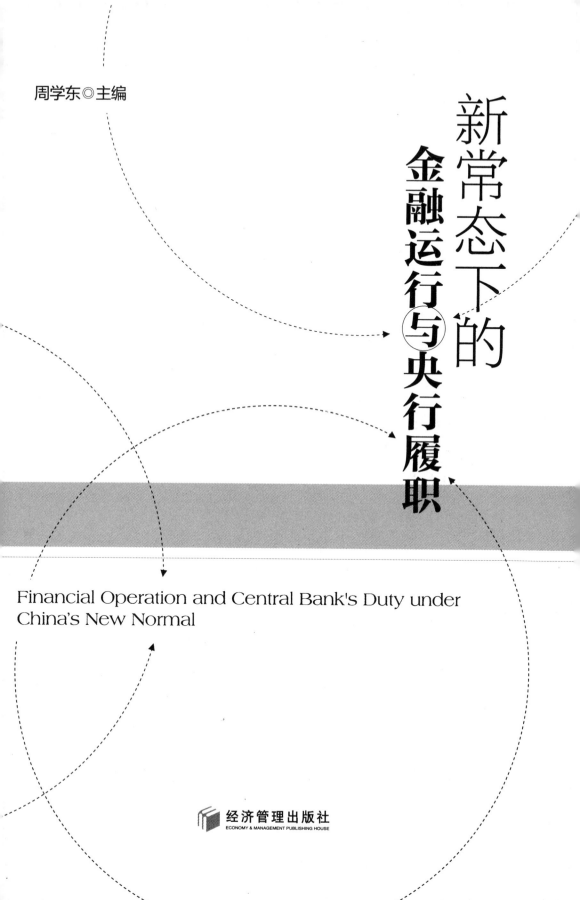

周学东◎主编

新常态下的
金融运行与央行履职

Financial Operation and Central Bank's Duty under
China's New Normal

经济管理出版社
ECONOMY & MANAGEMENT PUBLISHING HOUSE

图书在版编目（CIP）数据

新常态下的金融运行与央行履职/周学东主编 . —北京：经济管理出版社，2016. 9
ISBN 978 - 7 - 5096 - 4512 - 3

Ⅰ . ①新…　Ⅱ . ①周…　Ⅲ . ①金融运行—研究—中国　②中国人民银行—工作—研究
Ⅳ . ①F832

中国版本图书馆 CIP 数据核字 (2016) 第 168912 号

组稿编辑：宋　娜
责任编辑：. 宋　娜
责任印制：黄章平
责任校对：超　凡

出版发行：经济管理出版社
　　　　　（北京市海淀区北蜂窝 8 号中雅大厦 A 座 11 层　100038）
网　　　址：http：//www. E - mp. com. cn
电　　　话：(010) 51915602
印　　　刷：三河市延风印装有限公司
经　　　销：新华书店
开　　　本：720mm×1000mm/16
印　　　张：10. 5
字　　　数：200 千字
版　　　次：2016 年 9 月第 1 版　　2016 年 9 月第 1 次印刷
书　　　号：ISBN 978 - 7 - 5096 - 4512 - 3
定　　　价：88. 00 元

序　言

2015年，世界经济仍处于深度调整之中，复苏动力不足，推动增长、增加就业、调整结构成为国际社会共识。同时，我国经济发展进入新常态，经济下行压力加大，经济发展中深层次矛盾凸显。认识新常态、适应新常态、引领新常态，是当前和今后一个时期我国经济发展的大逻辑，也是中央银行工作的出发点和立足点。面对错综复杂的国内外经济、金融环境，央行需要创造性地做好宏观调控和金融改革、发展的稳定工作，进一步提升履职水平，这就要求我们开阔视野、创新思路，同时深入调研、积极思考，为科学决策提供重要参考。

一年来，中国人民银行营业管理部认真贯彻中国人民银行工作会议精神，紧密围绕营业管理部的中心工作内容，组织开展了2015年度跨部门联合研究工作。2015年度联合研究工作围绕"新常态下的金融运行与央行履职"这一主题，共有八项课题获准立项。经过同志们的攻坚克难，八项课题已经顺利完成。

其中，课题"货币政策变化对我国跨境资金流动的影响"紧跟后金融危机时期世界经济运行总体趋势，全面回顾了发达国家货币政策的周期性变化，分析其对包括我国在内的新兴市场跨境资金的影响，并就未来全球货币政策分化对我国跨境资金流动规模、波动性等进行预测、评估。课题思路清晰，实证分析严谨，政策建议深入，有助于全面了解跨境资金流动基本规律，拓宽跨境资金流动管理路径，为新常态下合理利用外资提供了新的思路。

课题"我国中长期投资趋势研究"紧抓新常态下经济增长动力问题，回顾了国内外关于投资、经济增长以及二者关系的相关理论，重点研究了投资资金的来源——我国高储蓄率的来源以及如何保持高储蓄率给投资提供资源支持的问题和投资效果——资本深化与劳动生产率之间的影响关系的问题，最后通过结合国际、国内的产业投资经验，对未来如何转变投资方向、提高投资效率提出建议。课题理论底蕴深厚，实证讨论全面，切入点与供给侧改革理论高度契合。

课题"利率市场化进程中的商业银行利率定价机制转型问题研究"立足于利率市场化背景下的金融资源配置效率提升及货币政策框架转型的问题，在回顾国外商业银行贷款定价方法的基础上，详细介绍国内商业银行利率定价机制的现状，深入剖析利率定价机制转型面临的问题，然后基于宏观数据对利率传导机制的有效性进行实证研究，最后就利率市场化条件下商业银行利率定价机制的完善和货币政策转型提出政策建议。课题从大处着眼，紧密围绕新常态下金融改革这一重要主题，从小处着手，针对商业银行微观利率定价机制建设问题展开研究，逻辑思维严密，调研深入务实，研究方法得当，为新常态下的货币政策调控提供了重要参考。

课题"新常态下商业银行资本、信贷行为与经济周期关系"对商业银行的资本缓冲调整行为、银行信贷行为以及存贷款溢价情况与经济周期波动的关系进行了理论分析和实证研究，指出在新常态下不仅要关注经济波动对以商业银行为中心的金融体系的影响，更要关注商业银行资本缓冲、信贷行为和利率价格行为对经济周期的反作用，并就利率市场化条件下提高货币政策调控效率，更好地实现稳增长、调结构的总体目标提出了政策建议。课题目标明确，理论基础扎实，实证分析详尽，研究结论对宏观调控具有很强的参考价值。

课题"新常态下影子银行体系脆弱性及其治理"在推动金融创新、防范和缓解金融风险的总体思路下，针对影子银行实体的脆弱性展开分析，在将我国影子银行实体或业务按经济功能分为四类的基础上，详细分析了各类影子银行机构的脆弱性，并据此分别提出了治理工具的选择建议。课题研究角度新颖，资料来源广泛，数据时效性强，建议具体可行。

课题"股权众筹中的投资者保护问题研究"在互联网金融总体框架下，围绕股权众筹问题展开研究。课题详细介绍了股权众筹的基本理论和发展现状，并结合案例详细分析股权众筹中的投资者权益受侵害的具体类型，阐述股权众筹投资者保护中的国内监管现状和国际监管经验，最后就构建股权众筹中的投资者权益保障体系提出政策建议。课题选题具有新意，案例分析详细，政策建议深入，能够为行业相关规则设计提供强有力的理论支撑和鲜明的方向指引。

课题"新常态下金融服务支持小微企业发展研究"概述了经济新常态下发展小微企业的重要意义及面临的主要挑战，总结归纳了北京地区金融服务支持小微企业的主要做法，分析其取得的成效和存在的问题，最后提出政策建议。课题紧扣金融支持小微企业发展这一热点问题，分析视角独特，资料可靠翔实，政策建议针对性强，对中国人民银行（以下简称央行）的工作具有重要的现实指导意义。

课题"支持科技创新的财政与金融政策协同问题研究"全面回顾了支持科技创新的财政和金融政策现状，剖析了当前财政、金融政策协同过程中存在的问题，最后就构建财政、金融政策协同的机制框架提出政策建议。课题紧扣新常态下经济增长动力的转换问题，围绕政策支持科技创新这一议题，从财政政策和金融政策的协同性入手展开研究，选题独辟蹊径，资料丰富翔实，能够为科技金融政策和财政政策制定与央行信贷政策的有效落实提供理论支撑和政策参考。

　　总体来看，联合研究工作的顺利开展为服务首都经济发展、服务社会公众发挥了积极作用。本次将 2015 年度联合研究课题成果结集出版，旨在加强部门之间的交流与借鉴，进一步聚合行业内调研资源，拓展调研深度和广度，提升调研水平。同时，我们也期待着读者的反馈，以推动央行经济金融理论和政策研究的深化和发展，促进联合研究工作的进一步完善。

　　博观而约取，厚积而薄发。央行营业管理部将继续扎实推进联合研究工作，求真务实，开拓创新，力争形成高水平的课题研究成果，同时注意加强研究成果的转化利用，为新常态下科学决策提供重要依据，提升央行履职能力，助推首都经济发展。

2016 年 6 月

目　录

货币政策变化对我国跨境资金流动的影响

20 世纪 30 年代经济大萧条前和 2008 年全球金融危机爆发前，美国均因宽松的货币信贷政策导致经济泡沫恶性膨胀，在经济泡沫导致消费价格上涨的压力下，货币不得不采取紧缩货币政策，从而捅破泡沫，经济危机因此爆发。周期性是历史变化和自然界的本质特征，历史在时间跨度足够长时会不断重复。我们的工作任务之一是通过历史对比发现发达国家货币政策周期性变化，及其对包括我国在内的新兴市场跨境资金的影响进行分析，并就未来全球货币政策变化对我国跨境资金流动规模、波动性等进行预测、评估，以期对我国外汇管理政策的调整提供借鉴。

一、国内外实证研究现状

（一）国外学者研究现状

蒙代尔和弗莱明在凯恩斯分析框架基础上构建了蒙代尔—弗莱明模型（MF模型）。该模型认为在浮动汇率制下，积极的货币政策将增加本国产出，并通过实际汇率的贬值效应，降低外国的产出（Mundell，1963；Fleming，1962）。奥斯特里等和 IMF 用传导乘数这一指标衡量了国家间外溢效应的大小，最近的实证数据表明传导乘数在数量上较历史数据已经有所提高，反映了国家间贸易和金融联系的加深（Jonathan D. Ostry、Atish R. Ghosh，2013；Ilzetzki、Jin，2013；IMF，2014）。这种乘数的变异与贸易和金融联系的强度有关，资本流动行为也随着时间表现出不同。在量化宽松政策的早期，新兴市场国家会拥有大规模的资本流入，在量化宽松政策收缩或退出时，新兴市场国家会经历大规模的资本流出。经济危机以来，也有许多学者讨论了在常规的资产定价模型的框架下，包括数量宽松和信贷宽松的非常规货币政策是如何影响汇率的（Fratzscher 等，2013）。Menzie（2013）认为，尽管发达国家非常规货币政策的实施可能会为全球市场带来更多的波动，但是这一政策能够通过促使新兴国家货币的再估值，有助于全球再平衡。

实证研究方面，Peter Tillmann（2014）利用 2007 年 8 月至 2013 年 3 月的月度数据构建了 Qual VAR 模型来研究美国货币宽松（以下简称"QE"）对新兴市场国家跨境资金流的影响。研究结果发现：QE 的冲击会导致流入新兴市场的跨境资金显著增加。Lim 和 Mohapatra 等（2014）基于 60 个发展中国家自 2000 年第一季度至 2013 年第二季度的季度数据，建立了固定效应动态面板模型来研究美国的量化宽松货币政策对发展中国家资金流的影响。实证结果表示：量化宽松确实通过流动性、资产组合平衡和信心指数三个渠道引起了跨境资金流入的显著增加。此外，进一步的研究发现：量化宽松对不同项目资金流的影响存在异质性，证券投资流入比外商直接投资更加敏感。Ahmed 和 Zlate（2014）构建了新兴市场国家跨境资金流与美国非常规货币政策变量、全球风险厌恶系数、资本控制措施的数量等的固定效应面板模型，发现非常规货币政策对新兴市场国家的跨境资金流入有正向的影响。

（二）国内学者研究现状

目前，国内学者就发达国家货币政策变化对我国影响的研究多集中在美国货币政策变化对我国经济增长的研究，而就欧美日货币政策变化对我国跨境资金流动影响的研究较少，实证研究更少。柳光程（2013）认为量化宽松货币政策主要通过贸易渠道和金融渠道对经济运行产生影响。徐涛（2014）、中国人民银行西宁中心支行国际收支处课题组（2014）等研究认为美国量化宽松在短期内对我国资本流动波动影响较大，并对人民币的升值产生了较大压力。张利勇、刘东虎（2013）分析了发达国家量化宽松政策退出对我国跨境资金流动的影响机理，认为利率、汇率、大宗商品价格、投资者风险预期、经济需求和货币供给是主要影响路径。路妍、方草（2015）采用 VAR 模型对美国量化宽松货币政策调整对中国短期资本流动的影响进行实证分析，研究结果表明：美国实施及退出量化宽松货币政策以汇率、利率作为核心媒介作用于中国短期资本流动，并且其政策调整或退出会对中国短期资本流动造成一定的冲击。

此外，关于货币政策的外溢效应的研究也为货币政策分化对我国跨境资金流动产生影响提供了理论基础。李自磊、张云（2014）通过构建 SVAR 模型，对美国量化宽松政策与金砖四国的汇率、产出和通胀之间的动态关系进行了实证检验，实证研究结论表明，量化宽松政策对金砖四国的汇率、产出和通胀产生了显著影响，但由于四国在经济结构等方面存在差异，这种影响对四国而言也不尽相同。肖娱（2011）运用贝叶斯结构向量自回归（Bayesian SVAR）模型，检验了美国货币政策冲击对 6 个具有不同汇率制度的亚洲经济体的传导渠道。谢蓓

（2012）认为美国的货币政策对中国经济产出及物价水平有一定的冲击，但相比对西方发达国家的影响，该冲击并不显著。美国货币政策对中国经济的冲击主要是通过贸易渠道发生作用，说明中国的经济对外贸易依存度仍然较高。

目前国内外就发达国家货币政策变化对包括我国在内的新兴市场跨境资金流动影响的文章相对较少，且多为定性研究，定量研究就更少。本文在梳理 20 世纪经济大萧条以来主要发达国家货币政策周期性变化的基础上，采取定性分析和定量分析相结合的方法，基于 2002～2013 年 25 个新兴市场国家的年度数据构建 Panel Data 模型，分析发达国家货币政策对包括我国在内的新兴经济体国际资本流动的影响。基于 2000 年 6 月至 2015 年 3 月的月度数据构建 VAR 模型，分析主要发达国家货币政策变化对我国短期跨境资金规模及波动的影响。最后，基于实证研究结果提出我国跨境资金流动管理的相关政策建议。

二、主要发达国家货币政策变化及传导机制

（一）主要发达国家货币政策周期变化历程

1. 美国的货币政策变化

20 世纪经济大萧条以来，美国货币政策主要发生了以下几个方面的变化（见表 1）：

表 1　美国货币政策的演变

时间	货币政策工具	货币政策实施
1934～1941 年	以存款准备金为主	1935 年《银行法》赋予了美联储变动法定存款准备金率的权利。为防止超额准备金带来信贷扩张，加强货币控制，美联储于 1936 年 8 月、1937 年 1 月和 1937 年 5 月分三次提高了法定存款准备金率。但这些紧缩政策也带来 1937～1938 年的经济萧条和高企的失业率，之后美联储使用这一工具更加谨慎
1942～1951 年	战争筹资和盯住利率	"二战"期间，为了降低财政部发行债券的国债成本，美联储采取盯住利率的政策：短期国债利率为 0.375%，长期国债利率为 2.5%。美联储实际上放弃了对货币政策的控制来满足政府的融资需要。战后，美联储继续盯住利率，一直到 50 年代初，盯住利率被取消

续表

时间	货币政策工具	货币政策实施
20 世纪 50 年代	以货币市场状况为目标	20 世纪 50 年代开始，美联储将货币市场状况作为货币政策指标，包括短期利率和自由存款准备金。美联储认为自由存款准备金代表了银行体系闲置资金的数额，货币市场状况准确的指示器，美联储可通过公开市场来调节这一指标
20 世纪 60 年代至 70 年代	盯住利率	这个时期美国奉行凯恩斯主义的经济政策，认为利率处于中心环节，用利率作为货币政策的中介目标。20 世纪 60 年代初，美联储采取了宽松的货币政策，以刺激经济恢复、增加就业。到了 60 年代中期，美国通胀率从 1965 年的 2.3% 升至 1969 年的 6.1%。为此美联储采取了紧缩性的货币政策，提高银行定期存款的限制利率，并数次将贴现率从 4% 提高到 4.5%、6%。70 年代初，美联储转而采取了扩张性的货币政策，降低贴现率和法定准备金比率，更多地关注货币供应量和银行信贷量，但仍盯住利率
20 世纪 70 年代末至 80 年代	盯住货币供应量	20 世纪 70 年代后，随着通货膨胀的加剧，美国经济陷入停滞，以弗里德曼为代表的货币学派逐渐取代了凯恩斯主义，成为货币政策制定理论根据。1979 年美国调整货币政策，以控制货币供应量 M1 增长率作为其货币政策的中介目标，以抑制通胀作为首要调控目标，实行紧缩性的货币政策。之后随着通胀的被控制，1982 年美联储暂停公布 M1 的目标空间，转而设定借入储备金目标。此后到 1987 年，美联储放弃 M1 目标，转向广义货币 M2
20 世纪 90 年代至 2008 年	盯住真实利率	20 世纪 80 年代中期美联储放弃货币供应目标后，美国的货币政策也发生了重大的调整，实行以泰勒规则为理论基础、以实际利率为中介目标的中性化货币政策。从 1994 年以来，美联储开始公布联邦基金目标利率，并根据实际情况，采取相应的政策工具，及时调整利率目标。此后美联储的公开市场操作成为最重要和最常用的货币政策工具
2008 年国际金融危机之后	量化宽松政策	2008 年全球金融危机爆发后，美联储除了采取大幅降低基准利率、加大公开市场投放流动性的力度等传统政策手段外，采取了量化宽松的货币政策，即在实行零利率或近似零利率政策后，通过购买国债等中长期债券，增加基础货币供应量，向金融市场注入大量流动性的一种特殊的货币市场干预方式。从 2008 年 11 月至 2014 年 10 月，美联储先后实施三轮量化宽松货币政策

2. 欧元区货币政策演变

1999 年 1 月，欧元正式启动以来，欧元区由欧洲中央银行（ECB）负责制定及执行欧元区的货币政策。其货币政策运用可以分为以下几个阶段（见表 2）：

表2　欧元区货币政策演变

时间	货币政策实施
1999年11月至2003年6月，亚洲金融危机后	1999年1月，ECB首次进行主要再融资措施，将主导利率设定为3%。经历了过渡期的调整后，1991年4月将主导利率降低50个基点。随着经济复苏以及通胀上行风险的增加，1999年11月至2000年10月，连续7次上调主导利率，共225个基点。进入2001年之后，经济衰退开始出现，2001年5月至2003年6月，又连续7次下调主导利率，从4.75%降至2%
2005年12月至2009年5月，次贷危机前后	2005年下半年，受益于全球经济的快速增长，欧元区出口增加，同时信贷条件宽松，通胀风险增加。为缓解通胀压力，ECB从2005年12月至2009年5月，连续9次上调利率225个基点。2008年次贷危机发生后，全球经济下滑，需求下降，2008年至2009年5月，ECB连续7次下调利率，主导利率降低到1%的历史低位
2011年4月以来，经济脆弱复苏过程中	随着全球经济的缓慢复苏，欧元区出口需求及消费、其他投资增加，通胀风险加大，2011年4~7月，ECB连续上调主导利率。之后欧元区主权债务危机爆发，经济再度陷入衰退。2011年11月至2013年5月，ECB又4次下调主导利率到0.5%的历史低位。由于欧元区经济持续低迷，而利率政策效果并不明显，欧洲央行终于正式推出了量化宽松政策。2015年1月ECB宣布，将从2015年3月至2016年实施总额高达1万亿欧元的量化宽松政策，通过购买政府债券来增强流动性，以刺激萎靡不振的欧元区经济

3. 日本货币政策演变

"二战"后，日本货币政策主要发生了以下几方面的变化（见表3）：

表3　日本货币政策演变

时间	货币政策实施
经济恢复期：1945~1955年	"二战"后日本国内物资匮乏，产业衰败，物价飞涨，恶性通货膨胀严重，为此，日本的货币政策的目标是控制通货膨胀，遵从紧缩的货币政策，并以严厉的行政手段控制信贷活动
经济高速发展期：1955~1973年	由于当时日本国内资金短缺，其实施的是宽松的货币政策。日本银行实行人为的低利率政策，对各种利率进行人为的规定，将金融市场的利率水平限制在市场力量决定的实际利率水平之下，从而为国内企业提供了宽松的信贷环境，减轻了企业的成本负担，推动了经济的高速发展
经济平稳增长期：1973~1985年	进入20世纪70年代，日元面临升值压力，为了抑制日元的升值趋势，日本银行实行的是扩张性的货币政策和财政政策。1973年第一次石油危机推高了日本的物价，使日本爆发了严重的通货膨胀，日本银行随即采取紧缩的货币政策。度过通胀之后，日本银行又采取了扩张的货币政策，将经济引入稳定增长状态。面对80年代前半期的资金过剩和财政预算赤字问题，日本货币部门采取了低利率的货币政策

续表

时间	货币政策实施
"广场协议"后货币政策的持续扩张与收缩：1985~1990年	1985年9月，"广场协议"后，日本政府为抑制日元上涨的势头，开始频繁降低利率，1986年1月至1987年2月，日本银行连续5次下调中央银行贴现率。之后随着股票市场和房地产价格的暴涨，经济泡沫不断膨胀，国内通货膨胀迹象越来越明显，日本从1989年5月至1990年8月，连续5次提高中央银行的贴现率，将贴现率从2.5%提高到6%。日本央行的紧缩政策效果很快在市场上得到显现，随着金融体系中泡沫的破裂，实体经济也遭受严重打击，日本经济在20世纪90年代陷入了持续衰退之中
低利率时期：20世纪90年代	日本银行在泡沫经济崩溃后，于1991年7月1日开始采用扩张的货币政策，连续9次下调公定贴现率至1995年9月8日的历史最低水平0.5%，并保持这一公定贴现率到1999年初。1999年2月，日本银行为应对经济衰退和金融系统大量的不良债权，决定实施"零利率"政策，将有担保的隔夜拆借利率降至0.07%，同年4月进一步降至0.01%的超低水平。扣除货币市场经纪佣金成本，短期利率已经降至0
量化宽松政策时期：2001~2006年	2001年3月，除零利率政策外，日本银行开始采取进一步的放松政策即量化宽松货币政策。2001~2006年，日本银行不断提高准备金存款账户余额目标，同时大幅度增加长期国债的购入额，以此供给基础货币，满足准备金账户余额增加的要求。2003年7月至2006年3月，日本银行还采取了有时限的购买资产担保证券的措施
从量化宽松到超量化宽松：2008年国际金融危机以来	2008年秋国际金融危机爆发后，日本银行也迅速采取了紧急应对措施。2010年日本银行出台了总体性的货币宽松政策，新建资产购置基金，不断增加基金额度。2013年3月，开始实施更大幅度的量化宽松政策，2013年和2014年基础货币每年增加60万亿~70万亿日元，到2014年末基础货币量比2012增加近一倍；除增加了长期国债的购买额度和期限更长的品种之外，还开始购入非国债资产（ETF和J-REIT）等。大量购入其他资产，使央行持有资产结构发生变化，这一政策也称为"质化宽松政策"。所以新的政策称为包括量化和质化的"双化宽松政策"

（二）货币政策的传导机制

传统的货币政策操作主要通过利率、资产价格（包括汇率和股票价格）以及信贷渠道（包括银行借贷和资产负债表机制）向实际经济传导。Lim 等（2014）指出，QE 等非传统的货币政策还会通过资产配置再平衡、流动性和投资者信心三个渠道进行传导，引起跨国资本流动。资产配置再平衡指的是在实施 QE 的过程中，央行大量购买长期债券，私人持有的本国风险资产就会减少，风险偏好的投资者就会调整其资产组合，一方面加长久期，另一方面增加对国外（发展中国家）资产的配置，直至达到新的平衡。在这一过程中，就会产生跨国资本流动。流动性渠道是指央行直接向金融机构购买长期资产，增加了商业银行的超额准备金，之前受到流动性制约的商业银行就能够扩大信贷规模，引起整体信贷规模的增加和借贷成本的下降，这其中也包括对国外（发展中国家）的贷款。投资者信心是指央行的大规模资产购买，相当于提供了一个长期保持低利率水平的可信承诺，这一信号有助于减轻投资者对通缩风险的担忧。央行的干预也有助于降低市场波动性以及经济的不确定性，增强投资者的信心，从而扩大跨国资本流动。

本文将发达国家 QE 政策引起跨国资本流动的传导渠道概括为以下几方面：

1. 金融渠道传导

一是利差引起跨国资本流动。发达经济体通过多轮 QE 政策向市场注入大量流动性，实际利率水平长期保持低位，与新兴市场经济体之间的利差加大。出于套利和资产配置再平衡的目的，国际资本从发达经济体向新兴市场经济体流动。反之，当发达经济体退出 QE 政策时，利差将会收窄，就会导致新兴市场经济体资本外流。

二是汇率贬（升）值预期引起跨国资本流动。在发达经济体实行 QE 政策期间，货币供应量快速增加，引发市场对本币贬值的预期，使得投机资本从发达国家流向新兴市场经济体，并加大后者的货币升值压力。反之，当发达经济体退出 QE 政策时，就会形成本币升值预期，并对新兴市场经济体造成贬值压力。

三是通过信贷投放引起跨国资本流动。发达经济体实行 QE 政策增加了银行体系的流动性，使银行拥有更多廉价资金，能够为本国的进口提供充足的信贷支持，或是直接增加对新兴市场经济体的贷款，导致新兴市场经济体的资本流入增加。反之，当发达经济体退出 QE 政策时，就会引起新兴市场经济体的资本外流。

2. 投资者信心传导

当跨国企业出现流动性不足时，往往倾向于将境外子公司资金撤回国内。发达经济体实施 QE 政策有助于降低非金融机构的流动性风险，减少发达经济体的跨国企业从新兴市场经济体撤资的情况。同时，发达经济体量化宽松政策有助于稳定全球金融局势，使资本风险偏好上升，增大资金流入新兴市场的动力，有利于新兴市场经济体吸引外商直接投资。反之，当发达经济体退出 QE 政策时，则会降低投资者的风险偏好，引起新兴市场经济体的资本外流。

3. 贸易渠道传导

发达国家通过实施量化宽松政策刺激国内需求，有助于增加对新兴市场经济体产品的进口，从而有利于后者贸易状况的改善和资本流入。反之，退出量化宽松政策则会对后者的出口造成负面冲击，导致贸易状况恶化、资本外流。

4. 大宗商品价格传导

目前国际市场大宗商品主要以美元计价，且金融属性日益增加，成为机构投资者避险和投机的重要载体。发达经济体的量化宽松政策导致全球货币过剩,使得以美元计价的石油、贵金属和农产品等全球大宗商品价格出现上涨,机构投资者选择大宗商品避险会进一步助推大宗商品价格上升。高企的价格将对部分依赖大宗商品进口的新兴市场经济体造成输入性通货膨胀。而美国退出量化宽松的货币政策则会促使石油、贵金属和农产品等国际大宗商品价格下降,进而导致包括中国在内的以大宗商品进口为主的国家进口项下跨境资金流入减少。

三、主要发达国家货币政策变化影响实证分析

(一) 对新兴市场跨境资金流动的影响

1996 ~ 2013 年,25 个新兴市场国家平均国际资本净流入整体呈现增长态势,其中全球金融危机爆发之前增长尤为明显。金融危机爆发后,流入新兴市场国家的国际资本先降后升,并在 2013 年达到历史高点。分类别看,新兴市场国家直接投资净流入基本保持平稳较快增长势头,证券投资、其他投资净流入自金融危机爆发以来波动尤为剧烈 (见图1)。

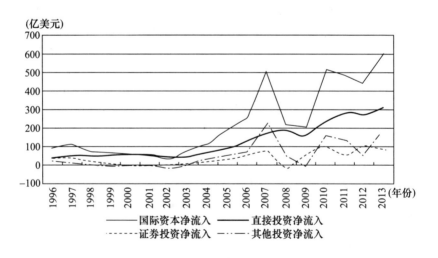

图1 新兴市场国家国际资本净流入走势图

1. 建模指标选取

"发达国家量化宽松政策"是指在 2009 ~ 2013 年美国、欧洲、日本三大经济体所实施的量化宽松货币政策。"新兴市场"是一个相对概念,泛指相对成熟或

发达市场而言目前正处于发展中的国家、地区或某一经济体，限于数据的可得性，本文选取俄罗斯、巴西、印度尼西亚等25个国家作为样本①。"跨境资金流动"这里仅考虑境外对本国的资金净流入，是指IMF国际收支平衡表中相应项目的负债方（表示国外非居民对本国资产的买卖净额），包括外商直接投资净流入（FDIIN）、证券投资净流入（PORIN）和其他投资净流入（外债、贸易信贷、吸收存款等，OTHIN）三类，计算三者之和并界定为总的国际资本净流入（IN-FLOW），作为本文的被解释变量。解释变量的数据来源见表4。

表4　国际资本流动模型变量

变量	变量名称	符号	单位	数据来源
因变量	国际资本净流入	INFLOW	亿美元	IFS数据库
	国际直接投资净流入	FDIIN	亿美元	IFS数据库
	国际证券投资净流入	PORIN	亿美元	IFS数据库
	国际其他投资净流入	OTHIN	亿美元	IFS数据库
自变量	美欧日央行资产负债表规模	UEJASSET	亿美元	美欧日央行网站
	利差	RIRGAP	%	WDI数据库
	官方汇率变化率	EXCHANGEG	%	WDI数据库
	恐慌指数	VIX	%	WDI数据库
	GDP增速差异	GDPGGAP	%	WDI数据库
	国内储蓄率	SAVING	%	WDI数据库

基于上述理论分析，本文设定如下形式的面板数据模型进行实证检验：

$$INFLOW_{i,t} = \alpha_i + \beta_1 UEJASSET_t + \beta_2 RIRGAP_{i,t} + \beta_3 EXCHANGEG_{i,t} + \beta_4 VIX_t + \beta_5 GDPGGAP_{i,t} + \beta_6 SAVING_{i,t} + \beta_7 TRADE_{i,t} + \beta_8 INFLOW_{i,t-1} + \varepsilon_{i,t}$$

其中，INFLOW表示各国的国际资本净流入，可以进一步细分为外商直接投资净流入、证券投资净流入和其他投资净流入。

解释变量UEJASSET是美、欧、日央行资产负债表总规模，从数量方面间接反映发达国家货币政策的变化。

RIRGAP表示利差，即新兴市场国家实际利率与美、欧、日加权平均实际利率之差。该指标主要从价格方面间接反映货币政策的影响，反映国际资本的套利

---

① 25个国家分别是阿根廷、巴林、巴西、喀麦隆、智利、中国、哥伦比亚、哥斯达黎加、印度、印度尼西亚、牙买加、科威特、毛里求斯、墨西哥、摩洛哥、阿曼、秘鲁、菲律宾、俄罗斯、新加坡、泰国、南非、乌干达、乌拉圭、委内瑞拉。此外，本节将以25个国家按照所处地域（划分为亚洲、拉美、非洲三类）进行了细分，分别就发达国家货币政策变化对各类国家资本流动的影响进行了探讨。

空间。

EXCHANGEG 是官方汇率变化率，即新兴市场国家官方汇率年度变化率，正值表示本国货币升值，负值表示本国货币贬值。

VIX 是恐慌指数，即 S&P500 指数未来 30 天的隐含波动率，该数值越大表示投资者预期后市波动程度会更加激烈，同时也反映其不安的心理状态。

引入两个控制变量，即不受发达国家货币政策的影响，但可能会影响本国的国际资本流入的变量。它们分别是：GDPGGAP，表示各新兴市场国家 GDP 增速与美、欧、日 GDP 加权平均增速之差；SAVING，表示国内储蓄率，即一个国家国内储蓄总额占 GDP 的比重。

鉴于数据的可获得性，本文选取的样本区间为 2002 ~ 2013 年共 12 年，截面单元为 25 个国家或地区，理论观察样本容量为 300（25 × 12 = 300）。

2. Panel Data 模型分析

（1）国际资本流入影响。首先，我们对 2002 ~ 2013 年 25 个国家的年度数据建立 Panel Data 变截距模型，模型 1、模型 2、模型 3、模型 4 分别以国际资本净流入、直接投资净流入、证券投资净流入、其他投资净流入为因变量，分析发达国家货币政策变化等因素对东道国（流入国）国际资本净流入的影响。四个模型的 R^2 分别为 0.78、0.92、0.49、0.39。模型 1、模型 3、模型 4 均通过固定效应 F 检验，因此建立了变截距固定效应模型。模型 2 未通过固定效应 F 检验，经 Hausman 随机效应检验得出该模型存在随机效应，故而对其建立了变截距随机效应模型（见表5）。

表5 Panel Data 模型输出结果

自变量	注释	因变量			
		资本净流入（INFLOW）	直接投资净流入（FDIIN）	证券投资净流入（PORIN）	其他投资净流入（OTHIN）
		模型 1	模型 2	模型 3	模型 4
UEJASSET	美欧日央行资产负债表规模	0.0020 **	0.00005	0.0008 ***	0.0013 **
		(0.0267)	(0.8553)	(0.0002)	(0.0204)
RIRGAP	利差	-0.4100	-0.1904	0.2877	-1.0751
		(0.8865)	(0.7655)	(0.6885)	(0.5655)
EXCHANGEG	官方汇率变化率	0.2924	1.0278	-0.1034	0.0402
		(0.9119)	(0.1482)	(0.8764)	(0.9813)

续表

自变量	注释	因变量			
		资本净流入（INFLOW）	直接投资净流入（FDIIN）	证券投资净流入（PORIN）	其他投资净流入（OTHIN）
		模型1	模型2	模型3	模型4
VIX	恐慌指数	−10.5625 *** （0.0010）	−1.8956 ** （0.0434）	−2.6713 *** （0.0009）	−4.4663 ** （0.0326）
GDPGGAP	GDP 增速差异	9.8814 （0.2046）	2.7368 （0.1880）	2.3332 （0.2276）	3.4423 （0.4961）
SAVING	国内储蓄率	5.5017 （0.2457）	0.6320 （0.3449）	0.4037 （0.7301）	6.5465 ** （0.0338）
Y（−1）	滞后一期的国际资本净流入	0.6350 *** （<0.0001）	1.0674 *** （<0.0001）	0.2153 *** （0.0008）	0.0292 （0.6592）
样本量		300	300	300	300
R^2	拟合优度	0.7820	0.9246	0.4922	0.3934

注：括号内数字表示显著性概率值。* 表示回归系数在 10% 的水平上是显著的；** 表示回归系数在 5% 的水平上是显著的；*** 表示回归系数在 1% 的水平上是显著的（下同）。

从以上四个模型可以看出：2009 年以来，美欧日所采取的量化宽松货币政策促使 25 个新兴市场国家的境外国际资本净流入、证券投资净流入、其他投资净流入显著增加，美欧日央行资产负债表规模每增加 10000 亿美元，流入每个新兴市场国家的国际资本总量、证券投资、其他投资资金将分别增加 20 亿美元、8 亿美元、13 亿美元，其他投资资金流入增量大于证券投资增量，而对外商直接投资流入无显著效果。直接投资净流入、证券投资净流入与其上年度的流入规模显著正相关，而其他投资净流入与其上年度的流入规模不相关。VIX 恐慌情绪越强烈，则新兴市场国家境外国际资本流入总量及三类资本流入均会减少，其中其他投资流入减少得尤为明显。利差、官方汇率变化、GDP 增速差异、国内储蓄率对新兴市场国家境外国际资本流入效果不显著。

（2）各类国家国际资本流入影响。我们将 24 个国家根据地理位置又可划分为亚洲国家、拉美国家、非洲国家，分别包括 9 个、10 个、5 个国家（鉴于非洲国家仅有 5 个国家，因此未参与建模）。本节将对亚洲国家、拉美国家分别建立 Panel Data 模型，以探析发达国家货币政策变化对两类新兴市场国家国际资本净流入的影响。鉴于分类后各组国家数量明显减少，为保证模型效果，对自变量进行了精简。

1）发达国家货币政策变化对亚洲新兴市场国家国际资本流入影响。四个模型中，模型5、模型7、模型8通过固定效应F检验，因此建立变截距固定效应模型。模型6未通过固定效应F检验，经Hausman随机效应检验得出该模型存在随机效应，故而对其建立了变截距随机效应模型（见表6）。

表6 亚洲国家 Panel Data 模型输出结果

自变量	注释	因变量			
		资本净流入（INFLOW）	直接投资净流入（FDIIN）	证券投资净流入（PORIN）	其他投资净流入（OTHIN）
		模型5	模型6	模型7	模型8
UEJASSET	美欧日央行资产负债表规模	0.0038 (0.1249)	− 0.0002 (0.7681)	0.0008 ** (0.0363)	0.0033 ** (0.0271)
RIRGAP	利差	− 0.9318 (0.9039)	− 1.0112 (0.6220)	0.8247 (0.5068)	− 3.5219 (0.4772)
EXCHANGEG	官方汇率变化率	3.7122 (0.7638)	0.7713 (0.8142)	1.7730 (0.3778)	4.2672 (0.5868)
VIX	恐慌指数	− 20.4485 ** (0.0125)	− 2.9746 (0.1834)	− 4.1150 *** (0.0022)	− 11.5338 ** (0.0275)
Y（−1）	滞后一期的国际资本净流入	0.6350 *** (<0.0001)	1.0898 *** (<0.0001)	0.0026 (0.9818)	− 0.0426 (0.7046)
样本量		108	108	108	108
R²	拟合优度	0.7798	0.9361	0.5284	0.3840

从以上四个模型可以看出：2009年以来，美欧日所采取的量化宽松货币政策促使亚洲新兴市场国家的境外证券投资净流入、其他投资净流入显著增加，美欧日央行资产负债表规模每增加1万亿美元，流入每个新兴市场国家的证券投资、其他投资资金将分别增加8亿美元、33亿美元，其他投资资金流入增量是证券投资流入增量的4倍，而对外商直接投资流入无显著效果。直接投资净流入与其上年度的流入规模显著正相关，而证券投资和其他投资净流入与其上年度的流入规模不相关。VIX恐慌情绪越强烈，则亚洲国家境外证券投资、其他投资净流入均会减少，其中其他投资流入减少得尤为明显，但对直接投资净流入无显著影响。利差、官方汇率变化、GDP增速差异、国内储蓄率对亚洲国家境外国际资本流入效果均不显著。

2）发达国家货币政策变化对拉美新兴市场国家国际资本流入影响。四个模型中，模型 9、模型 11 通过固定效应 F 检验，因此建立变截距固定效应模型。模型 10、模型 12 未通过固定效应 F 检验，经 Hausman 随机效应检验得出该模型存在随机效应，故而对其建立了变截距随机效应模型（见表7）。

表7　拉美国家 Panel Data 模型输出结果

自变量	注释	因变量			
		资本净流入 （INFLOW）	直接投资净流入 （FDIIN）	证券投资净流入 （PORIN）	其他投资净流入 （OTHIN）
		模型 9	模型 10	模型 11	模型 12
UEJASSET	美欧日央行 资产负债表规模	0.0013 ** （0.0487）	0.0002 （0.2041）	0.0011 *** （0.0042）	0.0002 （0.5289）
RIRGAP	利差	− 1.2592 （0.4468）	0.2397 （0.5026）	− 0.3517 （0.7305）	0.2151 （0.6953）
EXCHANGEG	官方汇率变化率	1.0066 （0.4972）	1.0142 ** （0.0178）	− 0.2132 （0.8165）	1.1344 * （0.0712）
VIX	恐慌指数	− 3.2331 （0.1511）	− 1.3701 * （0.0775）	− 2.0349 （0.1476）	0.3911 （0.7246）
Y（−1）	滞后一期的国际 资本净流入	0.6551 *** （<0.0001）	1.0165 *** （<0.0001）	0.3853 *** （<0.0001）	0.4145 *** （<0.0001）
样本量		120	120	120	120
R^2	拟合优度	0.7906	0.8710	0.5498	0.2077

从以上四个模型可以看出：2009 年以来，美欧日所采取的量化宽松货币政策促使拉美新兴市场国家的境外证券投资净流入显著增加，美欧日央行资产负债表规模每增加 1 万亿美元，平均流入每个拉美国家的证券投资将增加 11 亿美元（大于亚洲国家增量），而对外商直接投资、其他投资净流入无显著效果。各类国际资本流入规模与其上年度的流入规模显著正相关。VIX 恐慌情绪越强烈，则拉美国家境外直接投资净流入会减少，但对证券投资、其他投资净流入无显著影响。利差、官方汇率变化、GDP 增速差异、国内储蓄率对拉美国家境外国际资本流入效果均不显著。

（二）对我国短期跨境资金流动规模的影响

1. 建模指标选取

本节在现有研究的基础上，选取汇率、国内利率相对国外利率水平、发达国家利率、发达国家利率变动差异、国内经济发展状况等变量作为中国短期跨境资金的影响因素。鉴于数据可得性，本文将样本区间定为 2000 年 6 月至 2015 年 3 月，采用月度数据。本文构造的量化指标包括（见表 8）。

（1）中国短期跨境资金流动规模（FLOW）。本文采用国际上常用的测算短期跨境资金流动规模的间接测算法来估算我国短期资金流动的规模，具体计算公式为：月度短期跨境资金流量 = 月度外汇储备增量 – 月度贸易顺差 – 月度实际利用外资。

（2）人民币汇率（FX）。本文采用人民币兑美元汇率中间价的月平均值作为当月人民币汇率。

（3）国内相对国外利率水平（IRD）。本文采用 3 月期银行间同业拆借利率作为我国利率，采用 3 月期美元 Libor 利率作为发达国家利率代表，然后采用两者之差作为国内相对国外的利率差。

（4）美国利率（FDFR）。采用美国联邦目标利率来表示，该变量从一定程度上可以反映美国的货币政策情况。

（5）欧美利率变化差异（IRDEU）。采用欧元基准利率与美元基准利率同比变动率的差异来表示欧美利率变化趋势的差异，该变量可以从一定程度上反映以欧美为代表的发达国家货币政策的分化趋势。

（6）恐慌指数（LNVIX）。芝加哥期权交易所（CBOE）波动率指数也称恐慌指数，可以反映国际金融市场的恐慌情绪，并对其取对数。

（7）国内经济发展情况（DIP）。采用中国工业增加值同比增长率与美国工业生产指数同比增长率之差来表示国内相对国外经济发展的情况。

表 8　变量名称及原始数据来源

变量名称	简称	原始指标	原始数据来源
中国短期跨境资金规模	FLOW	外汇储备	CEIC
		贸易差额	CEIC
		实际利用外资	国家统计局
人民币兑美元汇率	FX	人民币汇率中间价	CEIC
国内外利差	IRD	3 月期银行间同业拆借利率	同花顺
		3 月期 Libor 利率	同花顺
美国利率	FDFR	美国联邦目标利率	同花顺
欧美利率变化差异	IRDEU	美元基准利率	同花顺
		欧元基准利率	同花顺
恐慌指数	LNVIX	恐慌指数	CBOE 官网
国内经济发展情况	DIP	中国工业增加值	CEIC
		美国工业生产指数	CEIC

2. VAR 模型分析

本节采用 VAR 模型分析发达国家货币政策变化对中国短期跨境资金规模的影响。

（1）平稳性检验。平稳性检验的结果显示 VAR 模型的所有单位根都在单位圆内，这表明模型是稳定的。

（2）阶数选择。本文首先采用 ADF 检验对所有变量进行了单位根检验，FLOW、FX 变量是平稳的，不平稳的 IRDEU、LNVIX、IRD、FDR、DIP 序列进行一阶差分后是平稳的。本文根据 VAR 模型滞后期数判断标准选择滞后期数。LR、FPE、AIC、SC 和 HQ 五个统计量中四个显示最优滞后阶数为 2 阶，故将模型的滞后期数定为 2，建立 VAR（2）模型。

（3）脉冲响应函数。本小节通过分析 10 个月的脉冲响应，重点考察各变量对跨境资金规模的动态影响路径，结果见图 2。

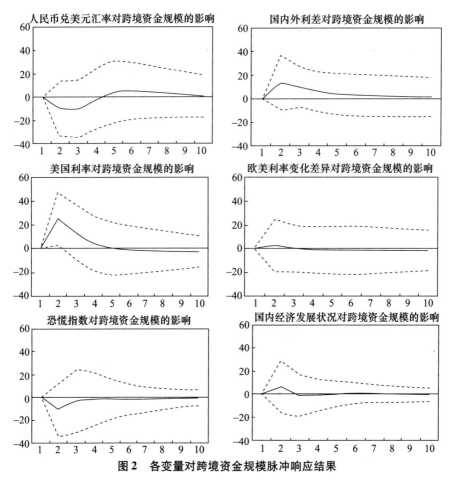

图 2　各变量对跨境资金规模脉冲响应结果

1）跨境资金规模对人民币汇率冲击的响应：当受到人民币汇率（FX）单位正向冲击后，跨境资金规模第二期出现正向脉冲响应，随后第三期呈现负向反应，并达到最大值，之后缓慢趋向于0，说明在人民币升值后第三个月起跨境资金流入将有所增加。

2）跨境资金规模对国内外利差冲击的响应：当受到国内外利差冲击（D_IRD）单位正向冲击后，跨境资金呈正向反应并在第二期达到最高点，随后缓慢下降在0附近波动。

3）跨境资金规模对美国利率冲击的响应：跨境资金规模对美国利率差单位正向冲击的响应与对人民币汇率相似，当受到美国利率（D_FDFR）单位正向冲击后，跨境资金规模第二期出现正向脉冲响应，随后第三期呈现负向反应，并达到最大值，、之后缓慢趋向于0。

4）跨境资金规模对欧美利差变动差异冲击的响应：当受到欧美利差变动差异（IRDEU）单位正向冲击后，在第二期出现正向响应，并在四期达到最大值，之后下降并趋向于0。

5）跨境资金规模对国内相对国外经济发展情况冲击的响应：跨境资金波动受到国内外经济发展差异单位正向冲击后，会出现正向变化并且最大值出现在第二期。

（4）小结。我们运用 VAR 模型对我国 2000 年 6 月以来短期跨境资金规模的数据进行分析，考察了发达国家货币政策等因素对我国短期跨境资金规模的影响，结果发现：发达国家货币政策会影响中国短期跨境资金规模。境内外利差（国内利率 – 发达国家利率）扩大后的第二个月我国短期跨境资金流入规模将显著增加，随后影响逐渐减弱；此外，人民币升值、国内相对国外经济发展状况良好两个因素也会导致我国短期跨境资金流入规模增加。

（三）对我国短期跨境资金波动率的影响

1. 跨境资金波动率的测度方法

跨境资金流动大多为月度或季度数据，测量其波动率的方法并不像高频数据那样成熟。目前测度跨境资金波动率的文献所使用的方法主要是移动平均标准差法（Neumann 等，2009；GFSR，2007）和 GARCH（1，1）方法（Broto 等，2008）。

移动平均标准差法是将波动率定义为过去一段时期内资金流的标准差 σ_t，即：

$$\sigma_t = \left(\frac{1}{n} \sum_{i=t-(n-1)}^{t} (\text{flow}_i - \mu)^2 \right)^{\frac{1}{2}}$$

其中，$\mu = \dfrac{1}{n}\sum\limits_{i=t-(n-1)}^{t} flow_i$，$flow_i$ 表示资金流入。移动平均标准差方法至少存在三个缺点：一是会损失样本中的部分数据，损失的多少取决于移动窗口的长度；二是标准差很大程度上受到前期的影响，产生内生性和序列相关的问题，从而造成估计结果不稳健；三是标准差对每一期的 $flow_i$ 赋予相同的权重，这会产生平滑效果，与其实际持续性不符（Broto 等，2008）。

为了克服这些缺点，Broto 等（2008）采用了标准 GARCH（1，1）模型来估算跨境资金流的波动率。首先通过常规差分得到一个平稳的跨境资金流动时间序列，即 $\Delta flow_{it} = flow_{it} - flow_{it-1}$。然后记 $y_t = \Delta flow_{it}$，运用 GARCH（1，1）模型将条件标准差定义为波动率，具体如下：

$$y_t = y_t^{\tau}\sigma_t^{1/2}$$

$$\sigma_t = \alpha_0 + \alpha_1 y_{t-1}^2 + \alpha_2\sigma_{t-1}$$

其中，y_t^{τ} 是高斯白噪声过程，σ_t 是相应的条件方差，系数 α_0、α_1 和 α_2 保证 σ_t 是正值且平稳。

2. 中国短期跨境资金流动的波动率

本文参照 Broto 等（2008）的方式采用 GARCH（1，1）方法来测度中国跨境资金流动的波动率（VOL_GARCH）。首先采用国际上常用的测算短期跨境资金流动规模的间接测算法来估算我国短期资金流动的规模（见图3），具体计算公式为：月度短期跨境资金流量 = 月度外汇储备增量 - 月度贸易顺差 - 月度实际利用外资。然后采用 GARCH（1，1）模型计算波动率（见图4）。2005 年之前，跨境资金波动率相对较低，2005～2008 年，波动率水平有所上升，尤其在金融危机爆发以后，波动率达到一个相对最高点；危机之后波动率有所下降，但从2010 年下半年开始，波动率水平又有上升，且持续处于历史高点。

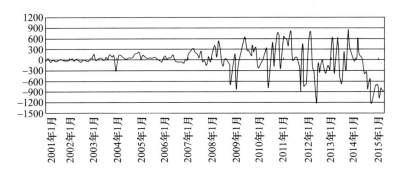

图3　近年来我国短期跨境资金流动情况

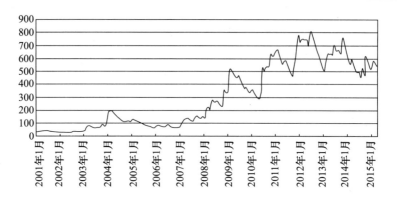

图4　近年来我国短期跨境资金流动波动率

3. 建模指标选取

本文基于国际资本流动理论及相关的短期跨境资金流动研究，构造的量化指标包括发达国家货币政策指标、中国的利率、汇率以及其他宏观经济指标。

（1）发达国家货币政策指标。发达国家货币政策指标包括反映美国货币政策调整的指标和反映国际货币政策分化的指标：

1）美国货币政策变化。本文选取美国10年期国债收益率的变动（DGBYU）作为反映美国货币政策变化。本文没有采用美联储基准利率作为衡量美国货币政策变化的指标，主要是因为由于在危机后美联储基准利率基本处于零利率下限，因此短期政策利率的变化并不能太好地反映货币政策的调整。美国10年期国债收益率走势受美国货币政策调整的影响明显，在美联储实行量化宽松政策期间，国债收益率基本处于下行的状态，在2013年夏天美联储缩减量化宽松政策造成恐慌后，国债收益率上行。

2）国际货币政策分化程度。本文选取10年期美国国债收益率与德国等欧元区国家的差异来反映国际货币政策的分化。随着欧洲央行资产购买计划逐步落实，多国央行连续降息，国际货币政策分化进一步加剧，长期利差扩大，德国等欧元区国家的国债收益率与美国的差距继续拉大。因此，采用美国与欧元区等经济体的国债收益率之差能较好反映美国和欧元区等经济体货币政策的分化情况。

（2）利率指标。过去研究发现利率是驱动国际资本流动的主要外部因素之一。本文采用上海银行间拆借利率（Shibor）1年期利率作为我国利率，并利用其与伦敦银行间拆借利率（Libor）1年期利率之差作为国内相对国外的利率差（IRD）。

（3）汇率指标。汇率波动率可能会影响到跨境资金的波动（田拓、马勇，2013）。在人民币汇率未完全市场化的背景下，人民币汇率中间价的变动会影响境内外人民币汇率预期从而影响跨境资金流动的变化。本文基于人民币对美元汇率中间价来测算人民币汇率波动率。人民币汇率波动率的计算需要先采用GARCH（1，1）模型得到人民币汇率中间价的日波动率，然后将其月平均值作为当月人民币汇率中间价的波动率。

（4）其他宏观经济变量指标。基于国际资本理论和其他关于跨境资金流动的文献，本文还选取境内外股市收益率差异、国内外经济发展状差异和恐慌指数作为我国短期跨境资金波动率的可能影响因素。

1）境内外股市收益率差异（SRD）。为了检验股市收益率对跨境资金流动是否存在一定的影响，本文构建境内外股市收益率差异作为变量之一，并采用上证综指和美国 S&P500 指数的环比收益率差异来表示境内外股市收益率差异。

2）国内经济发展情况（DIP）。采用中国工业增加值同比增长率与美国工业生产指数同比增长率之差来表示国内相对国外经济发展的情况。

3）恐慌指数（VIX）。恐慌指数指的是芝加哥期权交易所（CBOE）波动率指数，可以反映国际金融市场的恐慌情绪。

以上数据来源如表 9 所示。鉴于数据可得性，本文将样本区间定为 2006 年10 月至 2015 年 3 月，采用月度数据。

表 9　变量名称及原始数据来源

变量名称	简称	原始指标	原始数据来源
中国短期跨境资金规模	FLOW	外汇储备 贸易差额 实际利用外资	CEIC CEIC 国家统计局
美国国债收益率变化	DGBYU	10 年期美国国债收益率	中经网
美国与欧元区国家国债收益率差异	DGBYD	10 年期美国国债收益率 10 年期德国国债收益率	中经网 中经网
国内外利差	IRD	1 年期 Shibor 利率 1 年期 Libor 利率	同花顺 同花顺
汇率波动率	FXV	人民币汇率中间价	CEIC
境内外股市收益率差异	SRD	上证综指 美国 S&P500 指数	同花顺 同花顺
国内外经济发展差异	DIP	中国工业增加值 美国工业生产指数	CEIC CEIC
恐慌指数	LNVIX	恐慌指数	CBOE 官网

新常态下的金融运行与央行履职

4. VAR 与脉冲响应分析

（1）模型滞后阶数选择及平稳性。本文首先采用 ADF 检验对所有变量进行了单位根检验，所有变量都是平稳的。对于 VAR 模型滞后期数的确定，由于 LR、FPE、AIC、SC、HQ 等检验显示的最有滞后阶数不一致，本文综合考虑将模型的滞后期数定为 3，建立 VOL_ GARCH、DGBYU、DGBYD、IRD、FXV、SRD、DIP、VIX 的 VAR（3）模型。进一步检验可知，VAR 模型的所有单位根都在单位圆内，表明模型是稳定的。

（2）格兰杰因果检验。本文采用格兰杰因果检验来检验发达国家货币政策等变量和中国跨境资金波动率之间是否存在格兰杰因果关系，如果某变量的前期信息会对另一变量的当期值产生影响，那么该变量是另一变量的格兰杰原因。滞后阶数为 3 阶，具体检验结果如表 10 所示。

表 10　格兰杰因果检验

原假设	F 统计量	P 值	对假设的判断
DGBYU 不是 VOL_ GARCH 的格兰杰原因	2.97868 **	0.0356	拒绝
VOL_ GARCH 不是 DGBYU 的格兰杰原因	0.79001	0.5025	接受
DGBYD 不是 VOL_ GARCH 的格兰杰原因	2.35912 *	0.0767	拒绝
VOL_ GARCH 不是 DGBYD 的格兰杰原因	2.26561 *	0.0862	拒绝
IRD 不是 VOL_ GARCH 的格兰杰原因	4.99885 ***	0.0030	拒绝
VOL_ GARCH 不是 IRD 的格兰杰原因	0.73364	0.5346	接受
FXV 不是 VOL_ GARCH 的格兰杰原因	0.73837	0.5318	接受
VOL_ GARCH 不是 FXV 的格兰杰原因	1.23523	0.3015	接受
SRD 不是 VOL_ GARCH 的格兰杰原因	0.33020	0.8035	接受
VOL_ GARCH 不是 SRD 的格兰杰原因	0.74591	0.5275	接受
DIP 不是 VOL_ GARCH 的格兰杰原因	0.63412	0.5949	接受
VOL_ GARCH 不是 DIP 的格兰杰原因	2.31140 *	0.0813	拒绝
VIX 不是 VOL_ GARCH 的格兰杰原因	2.91518 *	0.0384	拒绝
VOL_ GARCH 不是 VIX 的格兰杰原因	1.81473 *	0.1500	拒绝

注：*、**、*** 分别表示 10%、5%、1% 的显著性。

根据格兰杰因果检验结果，可以发现：①在 5% 的显著性水平下，DGBYU 是 VOL_ GARCH 的格兰杰原因，这说明美国推行及退出量化宽松货币政策等货币政策变化会引起中国短期跨境资金波动程度的变化；②在 10% 的显著水平下，DGBYD 和 VOL_ GARCH 互为格兰杰因果关系，说明欧元区和美国等主要经济体的货币政策分化程度和中国短期跨境资金波动程度会互相影响；③在1%的显著性水平下，IRD是VOL_GARCH的格兰杰原因，说明境内外利差的变化对我国短期跨境资金波动程度有显著的影响；④在10%的显著性水平下，不能拒绝FXV不是VOL_GARCH的格兰杰原因，说明目前为止人民币汇率对我国短期跨境资本的波动程度影响不明显，这可能与我国实行有管制的浮动汇率制度有关，随着人民币汇率双向波动限制的放开，这一传导机制可能会更加明显；⑤在10%的显著性水平下，不能拒绝SRD不是VOL_GARCH的格兰杰原因，表示股市对我国短期跨境资金波动程度的影响并不显著。

（3）脉冲响应分析。本文采用脉冲响应函数方法来分析发达国家货币政策等变量对中国跨境资金波动率的动态影响路径，结果如图5所示。

1）中国短期跨境资金波动率对美国货币政策调整冲击的响应。当受到美国10年期国债收益率（DGBYU）的正向冲击时，波动率增幅明显，在第四期达到最大值，之后波动率增幅放缓。可见，美元量化宽松政策的退出会导致中国短期跨境资金波动率增大。伴随着美联储量化宽松政策退出、美元加息预期增强等，美国10年期国债收益率一路上行，这可能会造成跨境资金加速回流，从而造成资金波动幅度扩大。

2）中国短期跨境资金波动率对欧美货币政策分化冲击的响应。当受到美国与欧元区国家国债收益率差异的正向冲击时，跨境资金波动率会出现短期的下降，直至第三期，跨境资金波动率又转为增加，长期变动基本趋于零。这说明，欧美货币政策分化在短期内会导致跨境资金波动幅度的减小，但长期内仍然会加剧跨境资金的波动。原因可能是短期内欧元区量化宽松货币政策的实施会减缓美联储QE退出造成的跨境资金流动，从而减小跨境资金波动幅度，但从长期来看，主要经济体的分化会增加外部经济不确定性，从而会导致中国跨境资金的波动程度增大。

3）中国短期跨境资金波动率对国内外利差冲击的响应。跨境资金波动率在受到国内外利差的正向冲击后从第二期开始增大，这表明利差扩大会导致中国短期跨境资金的波动，这与利差扩大会促进国际资本的套利动机有关。

4）中国短期跨境资金波动率对汇率波动冲击的响应。尽管汇率对跨境资金波动率的影响程度相对较小，但当汇率波动变大时，跨境资金波动率仍然会有小幅的增加。表明汇率波动会在一定程度上正向影响短期跨境资金波动率。

5）中国短期跨境资金波动率对其他变量冲击的响应。境内股市收益率相对较好和经济增长率相对较好时在一定程度上有利于降低跨境资金的波动。

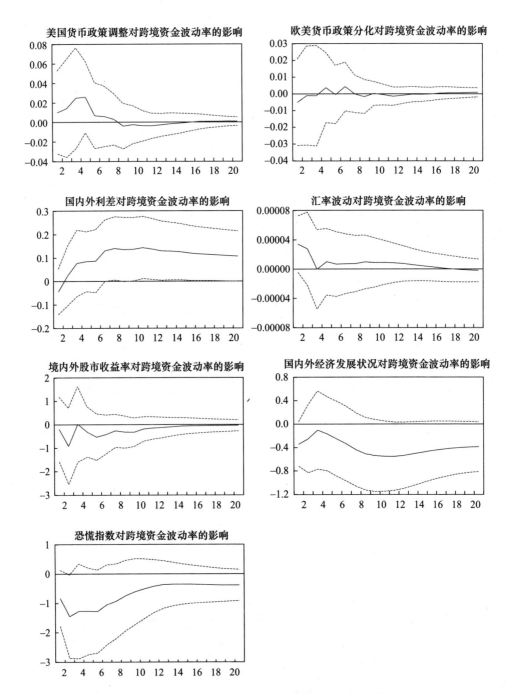

图5　各变量对跨境资金波动率影响的脉冲响应结果

5. 小结

本节运用 VAR 模型对我国 2006 年 10 月以来短期跨境资金波动率的数据进行分析,考察了发达国家货币政策等因素对我国短期跨境资金波动率的影响。实证研究发现:①发达国家货币政策变动对我国跨境资金流动的波动程度有明显的溢出效应。美元量化宽松政策的退出和美元进入加息周期会导致中国短期跨境资金波动幅度的增大,且该影响在第四个月达到最大,之后波动率增幅放缓。欧美货币政策分化在短期内(1~3 个月)会降低跨境资金波动幅度,但在长期内仍然会加剧跨境资金的波动。②境内外利差扩大后第二个月中国短期跨境资金的波动幅度开始增大。由于中国汇率机制的特点,汇率波动对中国短期跨境资金波动的影响比较有限,但汇率波动幅度增大仍然会带动短期跨境资金波动率小幅增加。③国内宏观经济和股市收益率的增长也会在一定程度上缓和跨境资金的波动程度,但对短期跨境资金波动率的影响比较有限。

四、未来发达国家货币政策变化及对新兴市场影响分析

(一)未来主要发达国家货币政策变化趋势

随着美国经济增速的放缓,市场加息预期不改,但首次周期可能延后至 2016 年 3 月;欧洲经济保持温和改善,各项量化宽松措施尚未完全发挥预期效果,资产购买计划继续实施,预计在美联储加息落地之前,欧洲央行或将继续量化宽松刺激经济;日本经济略有回暖,但最新数据显示增长略有放缓,经济刺激计划继续,购债规模可能会继续扩大。

1. 美国:结束 QE,2016 年 3 月将进入加息阶段,加息幅度为 2.79%~3.04%

2014 年 10 月 29 日(北京时间 30 日凌晨),美联储宣布量化宽松结束,同时宣布基准利率维持 0~0.25% 不变。标志着美联储为应对危机采取的特别货币政策正式完结,恢复到正常运行状态。QE 的退出路线将大致分为平稳、加息、减表三个阶段,截至目前仍处于第一阶段。2015 年 3 月 27 日,美联储主席耶伦关于"货币政策常态化"的讲话,阐述了对当前经济及前景的观点,提出了年内加息的可能,即将进入第二阶段的加息周期。但对于本次加息的周期与幅度,市场并未达成一致观点。第一创业证券股份有限公司预测本次加息不同于以往时间短、加息次数多的特点,将呈现出非典型加息周期;华泰长城期货及中信期货 4 月初就美国数据均预测美联储 6 月为加息窗口;而中金公司预测 9 月加息可能性更大;对于首次加息幅度,市场并未有明确预测,美联储副主席史丹利·费希

尔 2015 年 5 月 25 日表示无须对首次加息过于关注，美国的加息将是一个漫长的过程。可以肯定的是，若美国经济持续保持回温态势，就业形势不断改善，年内必然进入加息阶段。

随着美国经济增速放缓，市场加息预期不改，但 2015 年 9 月最新数据意外表现不佳，降低了 10 月加息概率。市场预期 12 月加息概率仅为 29.2%，首次加息最有可能发生在 2016 年 3 月。按照经验公式计算，若按照 2015 年 CPI 达到 1.5%，失业率稳定在 5.4%，则联邦基金利率为 3.04%，那么加息空间将位于 2.79% ~ 3.04%。

2. 欧元区：开始稳步实施资产购买计划

2015 年 1 月 22 日，欧洲央行宣布自 3 月起每月扩大资产购买规模 600 亿欧元/月，一直持续到 2016 年 9 月。3 月 5 日，欧洲央行召开议息会议，宣布维持再融资利率不变，并决定于 3 月 9 日开始资产购买计划，至此欧版 QE 开始实施。正式实施当月，欧元区制造业 PMI 初值达到 51.9，创下了 10 个月来的新高。服务业 PMI 也有较大提升，3 月、4 月分别达到 54.2、54.1。受美元升值影响，以及德国贸易自 1 月出口意外暴跌后的恢复，欧元区贸易顺差趋势稳定，3 月顺差达到 59.97 亿欧元。受油价触底反弹的影响，欧元区通缩预期得到缓解，其他大宗商品价格的回升也提升欧元区的通胀预期，对于其经济企稳回升都有帮助。欧版 QE 初见成效，市场后续预测其政策将继续稳步实施。

同时，欧元区还存在部分不确定性因素。一为希腊问题。希腊政府在 2015 年 5 月 12 日称所拥有的现金储备只够支撑两周，但其与债权人的谈判仍未取得实质性进展，前景不甚明朗。二为经济结构调整。若欧洲央行无法将结构性改革与 QE 配套落实，欧元区经济势必无法持续。

3. 日本：经济持续低迷，QQE 年内仍要扩大

日本央行于 2013 年 4 月推出了量化质化宽松政策（QQE），并提出要在两年内实现 2% 的通胀目标。2014 年 10 月 31 日，日本银行再次提出了扩大"量化质化宽松"规模的计划。但截至 2015 年 4 月，该目标尚未实现。2013 年 4 月至 2015 年 3 月，CPI 环比平均增幅仅为 0.15%。但同时应该看到，日本 GDP 第一季度环比增幅达到 1.9%，3 月贸易顺差实现 33 个月来第一次为正，失业率也呈现下降趋势，总体看日本的 QQE 措施对经济起到了一定刺激作用，经济总体处于温和复苏态势，但私人投资意愿依旧不足，企业借贷需求有限，居民消费刺激效果不明显（居民实际家庭支出同比一直处于下降趋势），政府财政状况日趋严峻（其公共债务占 GDP 的比重依旧是当前全球最高），社会老龄化依然严重，2015 年下半年日本可能要进一步扩大 QQE 政策。

（二）对新兴市场跨境资金流动可能产生的影响

一是美国加息可能诱发新兴经济体货币政策随之调整并出现分化。部分国家侧重于防止资金外流，如俄罗斯 2014 年末大幅加息，其基准利率从 10.5% 提升至 17%，来抑制通货膨胀和卢布贬值。而巴西、印度等外资依存度较高的国家可能会强化资本管制，防范美联储加息后的资本外流和资产价格下跌。部分中东、拉美等大宗商品出口国可能会放松货币政策，应对经济下行压力。

二是美国加息可能导致美元升值、新兴经济体货币贬值，带来大规模的国际投机资本流出。美联储退出量化宽松政策，促使投资者抛售风险货币，并买入美元避险，2014 年已经有一定跌幅的新兴货币 2015 年继续贬值。除了美联储加息之外，不少新兴经济体也面临内部问题，比如国内生产总值和居民收入增长放缓、通胀高企以及庞大的贸易赤字。其中，巴西、印尼、俄罗斯、南非和土耳其五个国家由于存在严重的经常账户赤字、信贷的过度增长以及外国投资者对本地债券市场的高度参与，在抵御外部风险方面的综合能力较差，其面临的总体风险程度较高。美联储宣布计划减少量化宽松购买资产之后，新兴经济体国家宏观经济特别是金融市场经历了明显的动荡。多数新兴市场股指下跌，资金持续从新兴市场的共同基金流出，美元计价的新兴市场债券利差逐步扩大。2015 年 6 月 10 日当周中国股票 ETF 流出 71.79 亿美元，资金大幅流出中国股票 ETF 的趋势仍在继续。EPFR 发布的数据显示，截至 2015 年 6 月 11 日的一周里，新兴市场基金资金流出总量达到 93 亿美元。同时 5 月最后一周，全球新兴市场基金流出资金 8.29 亿美元，拉美基金流失了 4.42 亿美元，亚洲股票和债券基金流出资金 21 亿美元，是 2011 年 8 月以来流出资金最多的一周。

三是新兴市场若发生由资金外流带来的系统性金融风险，将导致信贷收缩资产价格下跌等问题。按照伦敦商学院经济学教授海伦·瑞所说，全球资本流动、资产价格和信贷增速与衡量投资者恐慌情绪和金融体系稳定状况的 VIX 指数之间存在很强关系。如果 VIX 指数长时期处于低位，全球金融周期处于上升阶段，国际资本的流出和流入规模上升，国际银行的信贷创造活动更为积极，杠杆率和资产价格攀升。反之，如债务上限风波期间，美国主权评级被调降严重影响到投资者的风险偏好，VIX 指数从 2011 年前 7 个月的平均 18 上升到 8 月至 12 月的平均 35 左右。这导致全球国际资本流动规模收缩、信贷增速放缓和多国资产价格下降。

四是欧盟和日本仍将继续量化宽松政策，有望部分抵消美国加息对新兴经济体资金外流的冲击。2015 年发达国家货币政策继续分化，一方面，美国货币政策回归正常化阶段性带来国际资本外流；另一方面，欧元区和日本的货币政策依然继续量化宽松从而抵冲美联储加息的影响。新兴国家的自身经济条件将决定其受到主要发达国家货币政策调整影响的大小。例如，一些拥有巨额经常账户赤字的国家，如南非、土耳其和印度等，更容易受到美联储削减量化宽松和外资下降带来的外部冲击，这些国家的货币都经历了较大幅度的贬值。还有一些新兴经济国家，如巴西、印度、南非、印尼，由于面临着其国内换届等政治因素，未来的经济政策存在不确定性。阿根廷和委内瑞拉面临的货币贬值压力和经济问题主要是它们在过去多年执行的有违市场经济规律的政策造成的。此外，一些新兴经济体面临的政治动荡，如乌克兰的政局，也给这些国家带来了经济和金融压力。预计新兴经济体在 2015 年下半年至 2016 年仍然将会遇到更多的金融动荡。长期来看随着发达国家经济形势的好转，不光是美国，英国和欧元区也将逐步缩减其购债规模。这将为新兴市场带来更多的不确定性。面对诸多不确定性以及外部冲击，新兴经济体的增长预期可能会进一步下调。

（三）对我国跨境资金流动可能产生的影响

发达国家货币政策变化对我国跨境资金流动主要产生以下几方面影响：一是美国加息可能导致石油、贵金属和农产品等国际大宗商品价格下降。由于原油、矿石等大宗商品在我国进口中占有相当大的比重，大宗商品价格下降会导致我国进口项下跨境资金流入减少。二是美欧日货币政策分化将导致我国对美国贸易顺差缩小和对日、欧贸易顺差扩大。三是美国加息将加大人民币贬值压力，中美利差也将收窄，我国跨境资金流出压力或将增加，但欧日量化货币政策可在一定程度上缓解我国资金流出压力。

五、结论和政策建议

（一）结论

（1）发达国家量化宽松货币政策导致 25 个国家或新兴市场国家境外国际资本流入总量、证券投资净流入、其他投资净流入均显著增加，但对外商直接投资净流入无显著效果。分地域看，发达国家量化宽松政策导致亚洲国家其他投资、证券投资净流入显著增加，前者增量是后者的 4 倍，对直接投资净流入无显著效果；导致拉美国家证券投资净流入显著增加，对直接投资、其他投资净流入有显著效果。

（2）发达国家货币政策会影响中国短期跨境资金规模。发达国家利率的变动会对短期跨境资金规模产生冲击，并且短期跨境资金规模对这种冲击比较敏感，受影响持续时间较长。人民币汇率、国内外经济增速差异等都会对短期跨境资金波动率产生一定影响。

（3）2008 年金融危机期间中国短期跨境资金的波动率明显较大，并且自 2010 年下半年以来一直处于较高的水平。发达国家货币政策变动对我国跨境资金流动的波动程度有明显的溢出效应：美元量化宽松政策的退出、美元进入加息周期会导致中国短期跨境资金波动幅度的增大，且该影响在第 4 个月达到最大，之后波动率增幅放缓；欧美货币政策分化在短期内（1～3 个月）会降低跨境资金波动幅度，但在长期内仍然会加剧跨境资金的波动。

（二）政策建议

本文实证分析显示，发达国家货币政策变化对包括我国在内的新兴经济体的证券投资、其他投资净流入影响较为明显，进而影响短期跨境资金规模，其影响主要通过汇率、利率两种途径。为防患于未然，提出以下建议：

1. 及时跟踪和评估发达经济体政策变化带来的资金流动影响，提前做好预案

2008 年金融危机期间及 2010 年下半年以来，短期跨境资金波动率处于较高的水平，再次验证在发达经济体货币政策不断变化的过程中，国际市场的短期资本流动不可避免，且在一段时间内将成为一种常态。因此我国应加强对全球资金流动的及时监测与分析，做好预测与防范，高度关注跨境资金尤其是短期资金的流向，同时加强对国际市场大宗商品价格的关注，及时布局，做好预案。

2. 稳步、审慎地推行资本项目改革，同时做好短期资本流动管理

根据克鲁格曼"三元悖论"学说，我国为实现货币政策的独立性与汇率的稳定性，应坚持稳步、审慎原则推行资本项目改革，逐步放开资本自由流动。同时，应加强对短期资本流动的管理，增加短期流动资金的投资成本，可以首先对短期外债等跨境资金收取一定比率的准备金，并不断调节征收范围和比例，从而起到稳定股市、房地产市场的作用。

3. 加快人民币国际化进程

中国拥有大额的外汇储备，国外货币政策变化势必导致外币币值波动，进而影响到外汇储备的不断调整。加快人民币的国际化进程，将有助于逐步缩小因使用外汇导致的外汇储备损失，有助于减少国际货币体制对中国的不利影响，甚至获得部分铸币税收益。

4. 深化人民币汇率形成机制改革

利率、汇率是发达国家货币政策变化对别国产生影响的主要路径，深化人民币汇率形成机制改革是减少此类影响的根本途径。短期内，保持人民币汇率的基

本稳定，适时扩大汇率波动幅度，逐步推进利率市场化改革。通过市场主体的增加及衍生交易品种的扩大，发挥市场供求在汇率形成中的基础性作用，削弱资金套汇的空间，不断完善中国汇率市场。

5. 转变经济增长方式，转方式、调结构同步进行

目前我国的经济增长方式依然严重依赖出口与投资，消费拉动不足，容易受全球资本波动的影响。在当前全球经济整体疲软的形势下，日本、欧元区的宽松货币政策带来的流动性可能会给中国市场带来新的发展和机遇，我们应该抓住机会，调整经济增长方式，进一步夯实经济发展基础，才能获得更持续、更长期的发展。

（课题负责人：史丙栋；课题组成员：史丙栋、刘丽萍、侯晓霞、汪秋亮、方晨曦、梁少锋、刘妍、陈杨、李新科、杜牧雯、姚刚）

参考文献

［1］Peter Tillmann. Unconventional Monetary Policy Shocks and the Spillovers to Emerging Markets ［R］. HKIMR Working Paper, 2014（18）.

［2］Jamus Jerome Lim, Sanket Mohapatra, and Marc Stocker. Tinker, Taper, QE, Bye? The Effect of Quantitative Easing on Financial Flows to Developing Countries ［R］. This Paper Served as a Background Paper for the World Bank's Global Economic Prespects, 1st Half 2014 Report, 2014.

［3］Ahmed S. and Zlate A. Capital Flows to Emerging Market Economies：A Brave New World ［J］. Journal of International Money and Finance, 2014（48）.

［4］Mundell, Robert A. Capital Mobility and Stabilization Policy under Fixed and Flexible Exchange Rates ［J］. Canadian Journal of Economic and Political Science, 1963（29）.

［5］Fleming J. Marcus. Domestic Financial Policies under Fixed and Floating Exchange Rates ［J］. IMF Staff Papers, 1962（9）.

［6］Dornbusch R. Exchange Rate Expectations and Monetary Policy ［J］. Journal of International Economics, 1976（6）.

［7］Jonathan David Ostry, Atish R. Ghosh. Obstacles to International Policy Coordination and How to Overcome Them ［J］. IMF Staff Discussion Notes, 2013, 13/11.

［8］Maurice Obstfeld and Kenneth Rogoff. Exchange Rate Dynamics Redux ［J］. Journal of Political Economy, 1995（103）.

［9］Menzie D. Chinn. Global Sipllovers and Domestic Monetary Policy—The Effects of Conventional and Unconventional Measures ［J］. BIS Working Paper, 2013（436）.

［10］弗雷德里克·S. 米什金. 货币金融学 ［M］. 北京：中国人民大学出版社, 2011.

［11］高丽，杨红丽. 欧元区货币政策实践及对我国的启示 ［J］. 西南金融, 2015（1）.

［12］贾拓. 量化宽松货币政策与区域性跨境资金流动的相关性研究 ［J］. 金融会计, 2013（9）.

［13］刘佳．美联储量化宽松货币政策退出对我国跨境资金流动的影响［J］．时代金融，2014（11）．

［14］刘骞文．美国宏观经济波动与新兴市场国家异常资本流动：基于内外主体资本流动的研究［J］．金融经济学研究，2015（1）．

［15］路妍，方草．美国量化宽松货币政策调整对中国短期资本流动的影响研究［J］．宏观经济研究，2015（2）．

［16］路妍，刘亚群．美日欧量化宽松货币政策对中国货币政策的影响研究［J］．经济学动态，2014（4）．

［17］聂菁，金洪飞．美国量化宽松政策对中国行业出口的溢出效应研究［J］．国际金融研究，2015（3）．

［18］覃道爱．美国退出量化宽松货币政策对我国跨境资金流动的影响分析［J］．海南金融，2014（12）．

［19］田拓，马勇．中国的短期跨境资金流动——波动性测度及影响因素分析［J］．金融研究，2013（12）．

［20］王自锋，白玥明．量化宽松政策对中美通货膨胀的差异影响研究［J］．世界经济研，2013（1）．

［21］徐涛．发达国家量化宽松政策下我国资本流动及其对人民币汇率影响的研究［J］．金融发展评论，2014（2）．

［22］徐艺嘉．美国量化宽松政策对"大中华经济圈"的溢出效应研究［J］．经济论坛，2015（1）．

［23］张越，郭作佳．美联储缩减量化宽松规模对我国影响的分析与应对政策考虑［J］．经济问题探索，2014（12）．

［24］中国人民银行西宁中心支行国际收支处课题组．美国量化宽松政策对我国跨境资金流动的影响［J］．青海金融，2014（7）．

［25］周永峰．美联储量化宽松货币政策退出对我国跨境资金流动的影响分析［J］．金融发展研究，2014（5）．

我国中长期投资趋势研究

目前中国经济已进入转型升级的关键时期，经济转型意味着动力转换、结构优化、提质增效。中国特有的"三高"（高储蓄、高投资以及带来的高增长）是中国问题还是中国优势，投资能否拉动中长期经济增长将成为重点关注的研究课题。本文首先通过对现有的投资与经济增长，以及影响投资增长的主要因素进行了理论分析；其次，研究了投资资金的来源——我国高储蓄率，以及如何保持高储蓄率给投资提供资源支持的问题；再次，对改革开放以来我国投资的经验进行梳理，研究了投资运用存在的问题，衡量了投资对提高劳动生产率的促进作用，在双要素不变替代弹性 CES 型生产函数的基础上，构建 Hansen 非动态面板门槛模型，对资本深化与劳动生产率之间的影响关系进行实证检验，得出资本积累实际上推动了劳动生产率提高的结论，并在上述分析的基础上提出未来中长期阶段内，我国新常态经济发展要求保持适度的投资强度和投资重点；最后，对下一步投资方向转变、投资效率提高的问题，结合国际、国内的产业投资经验，提出了下一步我国中长期投资的发展方向及建议。

一、投资与经济增长的理论分析

（一）投资与经济增长的理论概述

投资对经济增长有重要的价值。从理论发展的角度看，投资对经济增长的理论主要体现在以斯密和李嘉图为代表的古典经济学理论、以哈罗德—多马模型为代表的凯恩斯主义理论、以索洛为代表的新古典经济学理论以及以罗默和卢卡斯为代表的新经济增长理论中。

1. 古典经济学中投资与经济增长的关系

亚当·斯密在《国民财富的性质和原因的研究》一书中分析了一国财富增加的途径，斯密不仅认为国民产出的增长主要由资本的积累和资本的有效配置决定，而且分析了这两个因素对经济增长的影响，他认为投资增长是经济增长最基本的决定因素。同样，大卫·李嘉图也认为资本积累是经济增长的重要力量，他认为资本积累的速度决定投资增长速度和生产力发展速度，资本积累能够创造财富、提供经济结构转变所必需的基础设施，但李嘉图是从收入分配的角度对经济增长问题进行的研究。

2. 凯恩斯主义的投资理论

1936 年，约翰·凯恩斯在《就业、利息和货币通论》一书中着重研究了投资的需求作用。他从投资的需求效应出发，提出投资具有乘数效应，认为投资增加将有效刺激国民经济中其他相关部门有效需求的增加，从而推动国民收入增长。在凯恩斯理论的基础上，哈罗德和多马提出的现代经济增长理论从长期和动态两个角度对凯恩斯理论进行了完善。

3. 新古典经济增长理论中投资与经济增长的关系

20 世纪 50 年代中期，美国经济学家索洛、英国经济学家斯旺分别提出了各自的经济增长模型，在他们模型的基础上，经济学家米德、萨缪尔森将其发展为新古典经济增长理论。新古典经济增长理论不再假定资本报酬不变，并认为资本与劳动存在可替代性。该模型假定规模报酬不变，资本的边际收益递减以及储蓄率和技术进步都是外生的，结论是经济的长期增长是一些经济体系的外生变量（如技术进步或人口增长）作用的结果，在外生变量的推动下，经济能够实现长期稳定的增长。

4. 新经济增长理论

20 世纪 80 年代中期以来，经济学家罗默和卢卡斯在对新古典模型反思的基础上，不再把经济增长归因于外生的技术进步或者人口增长，他们扩展了资本的概念，把技术进步、人力资本及知识等作为影响经济增长的内生变量，发展了新经济增长理论。该理论认为，由知识积累或人力资本积累引起的内生技术进步是经济增长的源泉，它带来了经济的长期增长。

（二）投资是扩大再生产的必要条件

投资是一个动态的过程，涉及跨期的问题。将资产或者资本在本期使用出去，为下一期生产创造物质条件，以此为物质基础，下一期将能生产更多的产品，投资是扩大再生产的必要条件。

在国民经济核算体系（SNA）中，储蓄＝投资。从统计等式中得到的是一个关系，这里所指的投资与储蓄是有严格定义的。从最简单的两部门经济模型中收入的循环（见图 1）来看，最外圈线构成支付结算的循环，中间线构成实体/实务循环，内圈线是金融资本的循环。投资体现在金融资本的循环之中，其中连接住户跟企业的金融投资（股权、债权等）是虚拟经济的体现，其中储蓄是投资的融资来源。内圈企业到企业的循环也就是图中"企业的资本品"循环是虚拟金融投资对应的实物投入循环。

从 SNA 中可以看出宏观经济中的投资定义不同于微观上所说的投资。例如，居民存在银行的钱形成的居民储蓄，银行可以贷给其他居民形成消费贷款；企业存在银行的储蓄，也可以通过银行委托贷款的形式贷给其他企业。部门内部的资金循环记入微观意义上说的储蓄与投资，但从宏观意义、核算体系上来讲有些是不构成投资的。

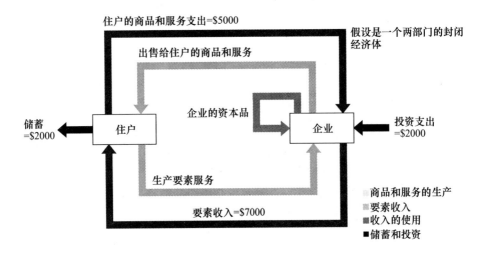

图 1　SNA 下的投资

对于宏观经济分析来讲，投资的意义总是实际的资本形成——增加存货的生产，或新工厂、房屋和工具的产生。虚拟经济的投资，例如把现金存于银行，或用来购买股票，仅就这一行为而言，作为投资和储蓄都没有增长，只有当物质资本形成产生时才有投资。只有社会的消费少于他的收入，把资源用于资本形成时才有储蓄。关于投资本质在金融意义上或者在一般意义上，明显不同于经济上的含义。它是以新的建筑、新的生产者的耐用设备，或追加存货等形式构成新的生产性资本。在研究一个社会经济现象时，应该从投资的实际资本形成出发，定义为生产性物质资本的增加。从这个意义上说，SNA 下不直接核算储蓄与投资而将其作为一个最终平衡项，是与宏观经济分析中所述的投资意义一致的。SNA 支出法核算 GDP 时，总储蓄的计算方法为国民总收入减去总消费额，再加上净转移支付。同时有如下关系：国民收入 − 国民消费 − 国民储蓄 = 国民投资。

(三) 投资从需求、供给方面促进经济增长

投资将引致更多的需求，刺激经济增长。从图1可以看出，固定资产投资的实现过程就是不断运用货币资金购买物资、建造的过程，这一过程必然会引起对生产资料和消费的大量需求，进而引起国民经济中需求变量的增加，这就是投资的需求效应，即当期投资表现为从需求的角度拉动经济增长。对任一部门的投资都会形成对其他部门的需求，刺激其他部门的产出增长，使整个社会的收入因投资的发展而产生一种扩大的效应。

另外，投资还具有长期效应。投资通过乘数效应引起国民收入增长得更快。假设消费 C 是国民收入 Y 的函数：

$C = a + bY, \ 0 < b < 1$

将国民收入恒等式 $Y = C + I$ 中的 C 代入上式，对 Y 求关于 I 的偏导数，可以得到投资引起国民收入扩张的乘数：

$$k = \frac{1}{1 - b'}$$

其中，b 为边际消费倾向。

由于 $0 < b < 1$，所以投资乘数总是大于 1 的，投资对国民收入的拉动总是大于投资本身。投资乘数背后的原理为：T 期投资扩大之后，T + 1 期产出扩大边际消费倾向不变的条件下，当期投资与消费均同步变大，导致当期产出扩大；该过程在 T + 2 期继续扩大产出，但是效果有所缩减；最终加总所有投资促进产出的增长，数量上将数倍于最初的投资增加额，形成乘数效应。

由于存在乘数效应，投资增加将数次拉动需求，在经济中有剩余资源的情况下，再生产扩大经济增长上升到一个新的台阶。

投资意味着更多的产品供给，体现为经济增长。投资实现为固定资产后，非生产性固定资产已经交付使用就直接供给社会消费，生产性固定资产则在投入生产，为生产提供劳动力并与流通资金相结合，通过生产劳动，生产产品（生产资料和劳动资料）供给社会，产生一系列与之关联的刺激其他产品生产增加的效应，这就是投资的供给效应，即滞后的投资（在此我们假定是滞后一期的投资）表现为从供给的角度推动经济增长。

随着投资建设的实施和新的生产能力的形成，符合社会需求的新增加的产品必然带来国内生产总值的增加。而且，增加某种产品的供给，往往会产生一系列与之相关的刺激其他产品增加的效应。

投资对经济增长具有促进作用，无论是投资的需求效应还是供给效应，都是促进经济增长的重要因素。但是投资对经济增长的促进作用也是有条件的：首先，必须有足够的投资资金；其次，必须有足够的投资要素；最后，投资资金与

投资要素之间应大体平衡。不顾经济增长所决定的投资要素的增长状况、过度的投资增长或受到抑制的投资增长都会导致经济的剧烈波动，破坏国民经济的持续、协调、健康的运行和发展态势。

（四）投资体现了经济增长的系统性与动态性

投资是经济运行系统中的一个关键变量，影响和制约投资的因素很多。凯恩斯宏观经济学体现了宏观经济系统的一种运行情况，但是经济中的跨期及动态效果被掩盖了，后来对宏观经济学的扩展在系统性与动态性方面均有所加强，使得投资体现出经济的系统性与动态性。

1. 动态经济系统中投资稳定性差

哈罗德—多马在动态经济系统中考察了投资。哈罗德注意到，在凯恩斯的收入分析中，只考虑了投资变动引起的收入变动，没有考虑收入变动对下一轮投资的影响，因而是一种静态的、短期的均衡分析。为了解决这一问题，哈罗德提出了"资本—产出比"概念，利用它来推算第二期达到充分就业所需的追加投资，以使投资与国民收入的均衡增长相适应。

一个经济社会的资本存量 K 和总产出 Y 之间存在一定的比例，即：

K = VY

其中，V 被称为资本—产出比。

定义经济的储蓄率 s 为：

s = S/Y

$G = \Delta Y / Y = s/V$

即为哈罗德—多马模型的基本公式。它表明，当经济处于均衡时，国民收入增长率等于该社会的储蓄率除以资本—产出比。

实际增长率 G_A 指经济中实际实现的增长率，它由实际的储蓄率与实际的资本—产出比决定，即 $G_A = s/V_A$。有保证的增长率 G_w 又称为意愿的增长率，是指经济中的储蓄被资本家意愿的投资全部吸收时所能实现的增长率，即有保证的增长率由实际储蓄率与资本家意愿的资本—产出比所决定：$G_w = s/V_w$。

经济实现稳定增长的条件是实际经济增长率等于有保证的经济增长率，等于人口增长率，即：

$G_w = G_A = G_n$

对应地，投资增速必须刚好是实际投资等于意愿投资等于人口增长率，这样才能实现稳定增长，可谓"刀锋上的均衡"。现实中，投资每年波动较大不可能正好处于均衡状态，哈罗德—多马模型表明一旦投资增长率出现偏离，经济趋向于更大程度的波动。经济中缺乏"自稳定器"，这与现实情况不太符合。

考察我国近期的投资历史（见图2），可以看到我国投资年增长率波动远大于 GDP 增长率，每个经济周期，初期小幅偏离均衡，后期投资大幅偏离均衡，引起通货膨胀，最终以国家宏观调控收尾。受投资体制等多种原因的影响，哈罗德—多马模型的非稳定性在我国投资领域表现得很明显。

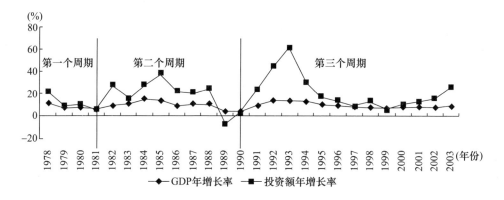

图2 改革开放以来投资与 GDP 的增长率

2. 长期稳定经济增长情况下的投资

索洛等新古典模型系统化了投资在经济增长中的作用（见图3和图4）。在引入了生产函数之后，由于存在生产要素的边际生产效率递减效应，使得这些理论构建的经济系统存在一个自动的稳定器，达到均衡之后经济系统将是一个稳定的状态，从而避免了哈罗德—多马模型的不稳定以及与现实不符合的情况。

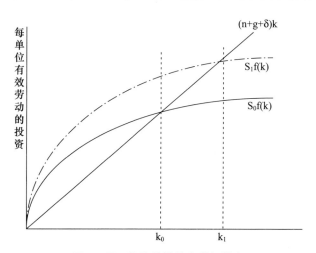

图3 用于投资的储蓄率增加效应

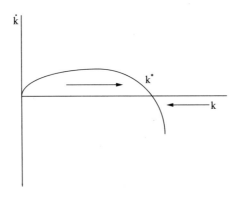

图4 索洛模型中 k 的相图

以索洛经济增长模型体现了投资在经济增长中的重要地位，其核心公式是关于投资的：

$$\dot{k}(t) = sf(k(t)) - (n + g + \delta)k(t)$$

$\dot{k}(t)$ 是人均资本存量关于时间的变化，也就是投资项。等式说明了每单位有效劳动的资本存量是由两项投资之差构成的。$sf(k(t))$ 为每单位有效劳动的实际投资，其中 s 为储蓄，$f(k(t))$ 为产出；$(n + g + \delta)k(t)$ 为持平投资，也就是为了使 k 保持在现有水平上所必须进行的投资量。每期资本需要分配在新增人口、技术以及折旧上(n、g、δ)才能保证人均资本存量不减少，只有超过这些需求，投资才能增加人均资本存量，进而推动经济向上。

为了分析的便利性，这里使用各变量的二维坐标图以及相图在索洛等的新古典框架中分析我国的投资实践。

(1)人口增长对投资的影响分析(见图5)。

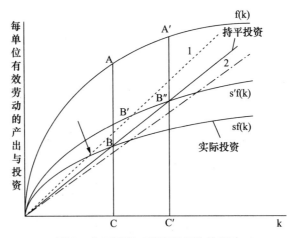

图5 人口因素对投资及经济的影响

假设：初期实际投资 sf(k(t))等于持平投资(n+g+δ)k，经济处于图5中B点均衡点，此时，投资增速为n+g，人均资本以及人均产出以g(技术进步)的速度增长。

1)在人口结构变化的第Ⅰ阶段(少儿抚养比上升)，假设其余变量保持不变，仅考虑劳动力数量的变化。人口红利期劳动力迅速增长，持平投资曲线上升为虚线1，更多的劳动力被投入用于替代资本，稳态时人均资本较少。经济增长率随着劳动人口的增长率增长。也就是说，人口红利一方面使得劳动力供给充足，这给经济增长带来动力；另一方面人均资本将下降，人均产出下降，虽然整体经济增长，但是个人福利将减少。对应我国社会的20世纪50~70年代，人口数量激增，经济总量增长，但同时生产供给上不去，各种商品出现了短缺。

2)人口高增长期配合高速的资本形成将使生产力达到一个新的台阶，人口红利期(阶段Ⅱ)提高储蓄率从s到s'，实际投资曲线上移，与持平投资(虚线1)交于图5中B'点，此时人均资本上升，人均产出上升，个人福利得到了改善。总体来看随着储蓄率的上升，资本增长率 g_k 与人口增长率 g_l 共同为经济增长提供了动力。对应为我国20世纪80年代以来的改革开放，引进国外资本(相当于引进国外储蓄)、征收消费税促进资本形成，提高了全国经济增长率。

3)进入老龄化社会(阶段Ⅲ)即人口负债期，劳动力增长速度 g_l 将下降，其他条件不变时，持平投资从虚线1向虚线2移动。在此过程中人均资本有所增加，但经济增长速度在下降。

人口负债期，如果养老消费大幅增加或者资本外流等因素造成储蓄率下降，资本形成速度 g_k 与劳动力增长速度 g_l 均可能变为负增长，总体经济增长速度下降，人均产出也将下降。

另外，人口负债期，如技术进步率 g 和劳动力素质提高的速度 g_e 等因素构成的"二次人口红利"能弥补劳动力数量下降的速度，则可将持平投资维持在虚线1的高位。这种情况很可能发生，阿罗(Arrow，1962)的"干中学"经济增长模型指出：知识是可以积累的，老龄人口将积累更多的生产经验，并将经验传授给下一代产出会持续的增加。此时再加上能促进实际资本形成的政策提高实际投资 sf(k(t))曲线的位置，两者结合使得整体经济增长率和人均增长率均能维持在高位，平稳度过人口年龄结构变化导致的人口负债期。

(2)技术进步对投资资本品的影响。技术进步减少人均资本，等同于人口增加。首先，技术进步以节约资本投入为主要研究目的；其次，现代科技并不需要很大的资本性投入。技术进步过程中再增加资本投入，一样可以进一步提高增长速度，但是效果是暂时的。稳态时，经济增长率仍然不变。投资科技进步有三种方法：一种是跟随资本投入进入生产函数，另一种是知识生产，还有一种是人力资本积累。投资于科技进步是长期的过程，影响因素也较复杂。我国保持经济增长的关键在于，技术进步要跟上：推高持平投资曲线，而非目前的推高储蓄率曲线（不可持续）。

二、投资与经济增长的实证分析：从投资
来源（储蓄）看中长期投资趋势

考察未来投资趋势需要研究储蓄的情况。图6反映的是中国与经济合作发展组织（OECD）成员、东亚和太平洋地区国家以及"金砖国家"储蓄率的比较。可以看出，东亚和太平洋地区国家的平均储蓄率高于世界平均与OECD平均约10%。在该地区中，发展中国家的平均储蓄率更高，且从2000年开始进一步上升的趋势明显。中国的储蓄率在近30年中平均高于东亚发展中国家平均水平4.15%。从相同发展阶段看，中国的储蓄率也远高于其他"金砖国家"（见图7）。高储蓄率直接反映了我国财富积累水平，为投资、经济增长提供了充足的资金来源。

我国高储蓄率的决定因素：人口结构、产业结构与城镇化水平。

产业结构转移及人口结构变化的双重因素对储蓄率的影响。宏观经济学中研究代际交叠主要是OLG（Overlapping Generation Model）世代交叠模型。

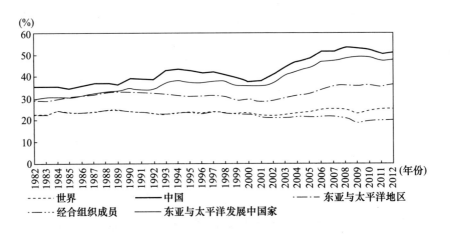

图6 国家间的储蓄率比较

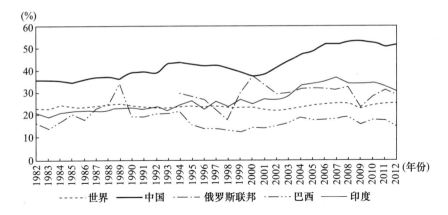

图7 中国和部分国家(地区)储蓄率变化情况

(一)理论模型构建及参数选择

假设一国人口由年轻人和老年人组成,人口只存在这两种状态,第一时期为年轻人,第二时期则进入老年人行列,两代人之间不存在代际财产转移。该国有农业和工业两个产业部门,其中农业产出固定。由此,在模型中引入了人口因素和产业转移因素(Obstfeld、Rogoff、马丹,2012;汤棠,2014)。

首先生产情况为:本国经济包含农业(F)和工业(M)部门。生产函数分别为:农业生产函数:$Y_{F,t} = \delta Y_{M,t}$,农业为禀赋经济,在土地资源有限的条件下,受外生条件影响较大,假设其为工业生产的固定比例。工业生产函数:$Y_{M,t} = A_t K_t^\alpha L_{M,t}^{1-\alpha}$。

人口结构及产业结构变化模式为:$N_t = (1+n)N_{t-1}$,在 t 时期存在 N_t 的年轻人和 N_{t-1} 的老年人。n 为人口增长率,n 升高则青年人增长较快,同时也代表了总人口的增长。年轻人通过劳动获得工资,老年人只能依靠储蓄。在 t 期年轻人在两个部门的配置情况是:农业劳动人口 $L_{F,t}^Y = N_t(1-\sigma_t)$,工业劳动人口 $L_{M,t}^Y = N_t\sigma_t$,其中 N_t 表示年轻人的数量,σ_t 表示工业年轻人占全部年轻人的比重,上标 Y、O 表示年轻人与老年人。同时农村老年人口 $L_{F,t}^O = N_{t-1}(1-\sigma_{t-1})$ 和工业老年人口 $L_{M,t}^O = N_{t-1}\sigma_{t-1}$。人口结构变化遵循的规律为:$\sigma_t = (1+\theta)\sigma_{t-1}$,θ 为人口结构变化率。

微观效用最大化问题为:

$$maxU = logC_{i,t}^Y + \beta logC_{i,t+1}^O$$

$$s.t. \quad C_{i,t}^Y + \frac{C_{i,t+1}^O}{1+r} = w_{i,t}^Y$$

其中，i = F，M 表示农业和工业人口。对微观效用最大化问题求解可得跨时消费模型条件：$C_{i,t+1}^{O} = \beta(1+r)C_{i,t}^{Y}$，即得到老年消费与年轻消费的跨期最优关系。代入约束方程可得消费路径为：

$$C_{i,t}^{Y} = \frac{1}{1+\beta}w_{i,t}^{Y}$$

$$C_{i,t+1}^{O} = \frac{\beta}{1+\beta}(1+r)w_{i,t}^{Y}$$

年轻人的收入为工资，老年人的收入为储蓄带来的利息。收入减去消费可得个人的储蓄：

$$S_{i,t}^{Y} = w_{i,t}^{Y} - C_{i,t}^{Y}$$

$$= \frac{\beta}{1+\beta}w_{i,t}^{Y}$$

$$S_{i,t+1}^{O} = rS_{i,t}^{Y} - C_{i,t+1}^{O}$$

$$= -\frac{\beta}{1+\beta}w_{i,t}^{Y}$$

年轻时的储蓄为正，t + 1 期完全供老年人使用，最终不留下任何储蓄，个人总储蓄为零。根据人口和产业人口分布国家总储蓄为：

$$S_t = S_{F,t} + S_{M,t}$$

$$= \left[N_t(1-\sigma_t)S_{F,t}^{Y} + N_{t-1}(1-\sigma_{t-1})S_{F,t}^{O} \right] + \left[N_t\sigma_t S_{M,t}^{Y} + N_{t-1}\sigma_{t-1}S_{M,t}^{O} \right]$$

代入个人储蓄公式可得：

$$S_t = \frac{\beta}{1+\beta} \left[N_t(1-\sigma_t)w_{F,t}^{Y} - N_{t-1}(1-\sigma_{t-1})w_{F,t-1}^{Y} + N_t\sigma_t w_{M,t}^{Y} - N_{t-1}\sigma_{t-1}w_{M,t-1}^{Y} \right]$$

农业部门工资水平为：

$$w_{F,t}^{Y} = \frac{Y_{F,t}}{N_t(1-\sigma_t)}$$

农业年轻人口均分当年农业产出。工业部门工资水平及利率水平根据生产函数的一阶条件确定：

$$w_{M,t}^{Y} = (1-\alpha)A_t\left(\frac{K_t}{L_{M,t}}\right)^{\alpha}$$

$$r_{M,t} = \alpha A_t\left(\frac{K_t}{L_{M,t}}\right)^{\alpha-1}$$

假设 $r_{M,t}$ 稳定不变为 r，可得 $w_{M,t}^{Y}$ 的表达式为：

$$w_{M,t}^{Y} = (1-\alpha)A_t^{\frac{1}{1-\alpha}}\left(\frac{\alpha}{r}\right)^{\frac{\alpha}{1-\alpha}}$$

将农业和工业工资表达式代入总储蓄可得：

$$S_t = \frac{\beta}{1+\beta}\left[Y_{F,t} - Y_{F,t-1} + N_t\sigma_t(1-\alpha)A_t^{\frac{1}{1-\alpha}}\left(\frac{\alpha}{r}\right)^{\frac{\alpha}{1-\alpha}} - N_{t-1}\sigma_{t-1}(1-\alpha)A_{t-1}^{\frac{1}{1-\alpha}}\left(\frac{\alpha}{r}\right)^{\frac{\alpha}{1-\alpha}} \right]$$

储蓄率 s 为总储蓄占当年产出的比例,稳态时的储蓄率为:

$$s = \frac{S}{Y} = \frac{\beta}{1+\beta}(1-\alpha+\delta)\left[\frac{1}{1+\delta} - \frac{1}{(1+n)(1+\theta)(1+g)^{\frac{1}{1-\alpha}}} \right]$$

考察该模型的储蓄率决定因素,首先,在其他参数不变的条件下,青年劳动人口增长率 n 与储蓄率正相关,劳动力人口越多储蓄率越高。劳动人口必须在本期积累足够多的财富以供老年时期使用,所以只要年轻劳动人口比重上升,本国储蓄率就会增加。

农业人口向非农业人口的转移率 θ 对储蓄率的影响是正向的,转移人口越多储蓄率越高。城市化、工业化将促使人口结构的转变,更多的工业人口将提升储蓄率。造成这种情况的主要原因是工业部门的工资收入更高。工业年轻劳动人口越多,这部分的年轻劳动人口当期收入也越高。在其他条件不变的情况下,人口和技术进步处于静止时,只要有人口产业结构的持续调整也可带来储蓄率的变化。

技术进步 g 的增长同样带来储蓄率的增长。技术进步率提高,则产出增长,工业年轻人口分配的收入更多,进而储蓄更多。前文中农业产出 $Y_{F,t}$ 是工业产出 $Y_{M,t}$ 的 δ 比例,仅仅是为了方便分析的假设,这里 δ 的大小对储蓄率的影响是不确定的。由于农业受自然条件的限制较多,禀赋经济的特点明显,在一定的时期内,农业产出是工业产出的一定比例是恰当的。

(二)计量分析

为了实证人口结构、产业结构变化对储蓄率的影响,本文选取部分已经经历过完整人口结构转变周期以及产业结构变化的发达国家为样本进行分析。考虑到统计数据的可得性,仅选取 OECD 国家中较为重要的国家。根据上述样本选择规则,本次分析选取样本的国家共计 15 个(韩国、美国、澳大利亚、加拿大、挪威、英国、瑞士、西班牙、法国、葡萄牙、芬兰、瑞典、意大利、德国、日本)。分析选取的变量为:储蓄率 s、GDP 增长率、实际利率 R、老年抚养比 OLD、少儿抚养比 YOUNG、农村人口占总人口的百分比 RUR。其中,储蓄率 s 为被解释变量,其余为解释变量。回归分析中以上变量均取其对数形式。上述 15 国 1976~2012 年的数据序列构成了一个面板数据结构,数据来源为世界银行统计数据库。

样本国家分布在各大洲,考虑到国别差异以及所要研究问题的针对性,采用变截距、固定系数的模型设定。根据对个体影响的处理形式,变截距模型可以设定为固定效应模型和随机效应模型。固定效应模型将个体影响设定为跨界面变化的常数；随机效应模型假设随机变化的个体与模型中的解释变量不相关，从而可以认为截距变化是随机的。首先使用 Hausman 检验对固定影响模型和随机影响模型进行选择（见表1）。

表1　Hausman 检验结果

Test Summary	Chi – Sq. Statistic	Chi – Sq. d. f.	Prob.
Cross – section random	0.999698	5	0.9626

经检验模型使用固定效应是合适的，所以模型设定如下：

$$S_{i,t} = \alpha_i + \beta_1 gdp_{i,t} + \beta_2 r_{i,t} + \beta_3 young_{i,t} + \beta_4 old_{i,t} + \beta_5 rur_{i,t} + \mu_i$$

其中，α_i 代表不同国家的截距效应。回归结果如表2所示。

表2　人口结构、产业结构变化对我国储蓄率影响的回归结果

因变量 S 储蓄率		
自变量	OECD 国家	中国
C	5.359188 ***	17.04769 ***
GDP	− 0.000374	0.063729
R	− 0.021233 **	0.008106
YOUNG	− 0.260188 ***	− 0.250554
RUR	− 0.083048	− 1.816364 **
OLD	− 0.337351 ***	− 2.178072 **
R^2	0.744809	0.861708

注：*、**、***分别表示10%、5%、1%的显著水平，OECD 国家固定效应未列出。

根据回归结果，首先，人口年龄结构显著影响储蓄率。少儿抚养上升1%会造成储蓄率0.26%的下降；老年抚养比上升1%将造成储蓄率0.33%的下降。其次，从固定效应 Fix Effects 系数 C 可以看出，国家禀赋、习惯的不同会造成储蓄率的差异。高储蓄倾向国家有瑞士、瑞典、挪威及日本等，低储蓄倾向国家如加拿大、美国及英国。最后，实际利率增高1%造成储蓄率下降0.02%，实际利率高时信贷紧张储蓄率较低，这与计量模型给出的结果一致。GDP 增长率及农村人口占总人口的比例对储蓄率的影响较小并且系数不显著。

相对于 OECD 国家，我国有两大不同的特征。一是人口结构转变伴随着经济转型。我国是正从农业经济向工业经济转型的发展中国家。虽然我国经济总量大，但是人均 GDP 均处在较后的位置。大部分城市人口是在近几十年内完成从

农村人口向城市人口转变的。为了说明我国特点对储蓄率的影响，仍然运用上述模型对中国的数据进行回归，结果有几点不同：一方面，模型截距项非常高，也就是居民储蓄倾向较高。这和我国目前处于发展中国家阶段，养老等社会保障仍不健全有关，居民储蓄的预防性动机较强。另一方面，不同于发达国家，我国农业人口向非农业人口转移对储蓄率有正影响，农村人口（RUR）越少，经济发展越快（GDP），储蓄率越高，农村人口比例减少1%，造成储蓄率增长1.8%。改革开放以来，经济发展与产业结构转变提高了我国总储蓄率水平。其中，农村人口向城市转移、农业人口向非农业人口转变将显著提升总储蓄率水平。

二是从考察人口结构变化对储蓄率的影响来看，虽然少儿抚养比上升并不显著影响储蓄率，但是负的系数显示出了少儿抚养比上升减少储蓄率的逻辑关系。老年抚养比上升将减少储蓄率，并且老年抚养比对储蓄率的影响较大。对上述结果一种可能的解释为：人口年龄结构变化发生在不同的时代，当时的经济环境决定储蓄率高低，人口年龄结构因素仅仅是影响因素之一。考虑到1976~2012年我国经济发展的背景，少儿抚养比减少和老年抚养比上升是和农业人口向非农业人口转变一同发生的。高少儿抚养比的成本主要发生在高农业人口比例时代，而高老年抚养比的成本将主要由低农业人口、高非农业人口比例的时代承担。城镇老龄人口到达退休年龄后，继续从事生产的能力或机会不如农村老龄人口，城市老年消费只能依靠储蓄存款。伴随着农村人口向城镇转移的进程，储蓄率与老年人口抚养比的负相关趋势将越来越明显，也就是说，未来我国储蓄率增长前景不容乐观（见图8）。

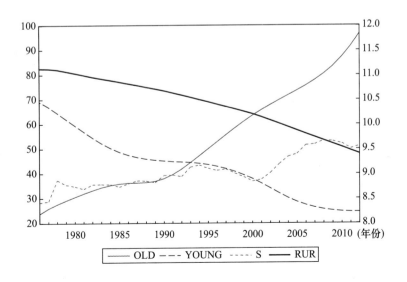

图8 计量模型中涉及变量的时间序列

（三）城市化是提高中长期投资率的有效途径

综上所述，首先，改变人口年龄结构，这个问题短期内较难有效，但中长期有效；其次，技术进步是提高投资率的根本性问题。目前可供参考的一个解决方案为提高城市化水平。对于中国城市化过程的进一步加快要解决的问题，必须关注流动人口的城市化过程。中国 2010 年人口普查的数据告诉我们，中国的城市化率已达 49.68%，但这只是调查得出的城市化率，可能是伪城市化，中国的城市化率应还不及 40%。普查数据显示居住地与户口登记地所在的乡镇街道不一致且离开户口登记地半年以上的人口为 261386075 人，即流动人口有 2.61 亿人。这 2.61 亿人的流动人口使中国的城市化率介于 30.17% ~ 49.68%。中国的实际城市化率则有待人口统计部门及人口学者来证实这 2.61 亿的流动人口到底有多少是真正的城市人。从流动人口（含 1.5 亿的外出农民工）的增加数量及城市化的速度判断，目前中国的实际城市化率应不足 40%，如图 9 所示。

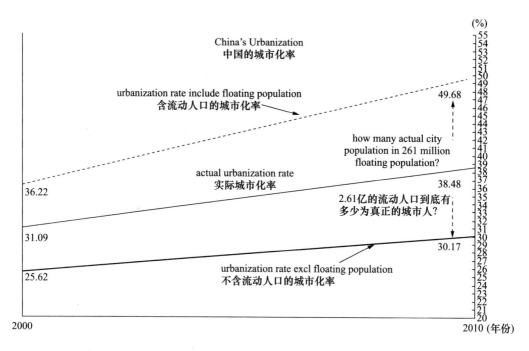

图 9　流动人口与城市化率的计算

资料来源：NBS，CEIC｜CEIC estimates。

三、改革开放以来我国的投资经验

投资的一般含义是指投资主体为获取预期收益，投入资金或其他资源，使其转化为资产的行为和过程。在我国投资通常指的是固定资产投资，投资是推动我国经济发展的主要动力。

（一） 固定资产投资规模不断扩大

在我国，全社会固定资产投资额是反映固定资产投资规模、结构和发展速度的综合性指标，该指标是以货币形式表现的在一定时期内全社会建造和购置固定资产的工作量以及与此有关的费用的总称。

改革开放以来，我国经济取得了突飞猛进的发展，经济实力不断增强。1980～2013 年，我国全社会固定资产投资呈现快速增长势头，投资规模由 1980 年的 910.9 亿元增加到 2013 年的 446294.1 亿元，三十几年间的年平均增长率在 20.6% 左右，同期 GDP 由 1980 年的 4551.6 亿元增加至 2013 年的 588018.8 亿元、年均增长率约为 15.9%，可见投资增幅明显超过同期 GDP 的增长幅度。

1. 固定资产投资增长速度波动明显

全社会固定资产投资增长呈现出明显的周期性，且增长速度波动非常明显。1980～2013 年，我国固定资产投资增长速度出现了较大的波动，其值为 −7.2% ～ 61.8%，如图 10 所示。

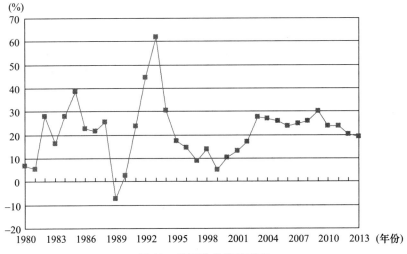

图 10　我国的投资增长率

资料来源：国家统计局。

根据固定资产投资增速划分周期，改革开放以来，我国的固定资产投资大致经历了四轮周期：

（1）第一轮周期（1980～1989年）。第一轮周期属于固定资产投资的发展起步阶段，这一阶段固定资产投资处于探索阶段，投资增长率在中央政策的指令和经济形势下不断反复，这也反映出我国在改革开放初期对市场经济的探索。

（2）第二轮周期（1990～1999年）。第二轮周期属于固定资产投资快速发展阶段，这一阶段我国政府对固定资产投资和国内经济有了更加理性的控制。但是，由于受到我国改革开放的不断深入，国际形势对国内经济形势的影响持续增强，为我国经济发展带来了更多的不确定性，也给中央政府出台的经济政策带来了更多难题；这也从侧面说明，我国的社会主义市场经济道路在不断前进，与国际接轨的程度在不断加深。

（3）第三轮周期（2000～2009年）。第三轮周期属于固定资产投资平稳发展阶段，这一阶段政府在处理经济问题时更加关注投资结构和投资质量问题，避免出现盲目投资以及重复建设，进一步实现了按市场吸收能力进行投资和发展，在保持政策连续性和稳定性的同时，还能够防止经济的大幅波动。在这一阶段，政府还更加关注经济结构问题，致力于经济增长由消费、投资和出口协调带动的局面。

（4）第四轮周期（2010年至今）。这一阶段，政府的目标是把保持经济增长与调整产业结构紧密结合起来，加快解决制约经济发展的结构性矛盾。在保持经济稳定增长的同时加大了产业结构调整的力度，继续推进节能减排以及环境保护；协调各区域发展，促进中西部地区和东北地区的开放开发，使区域发展呈现出布局改善、结构优化、协调性提高的良好态势。

2. 投资率的变动情况

投资、消费和出口是拉动经济增长的"三驾马车"，投资率即投资占GDP的比重（亦称资本形成率），是衡量投资规模的重要指标。我国投资率虽然时有波动，但总的来说呈现持续上升的趋势——20世纪90年代的投资率明显高于80年代初期，2001年以来我国的投资率更是逐年攀升，2009～2014年我国的投资率均超过45%，明显高于1980～2008年的年平均水平。从横向来看，我国的投资率也高于世界平均水平，2002年世界平均投资率为19.9%，远低于我国近年来的平均投资率水平；20世纪90年代以来，中国与新加坡、韩国的投资率都比较高，目前中国的投资率最高（见表3）。

表3　近年各国投资率情况比较　　　　　　　　单位:%

年份 地区	1990	1997	1998	1999	2000	2001	2002	2005~2011
世界	24	22.9	22.4	22.1	22.5	21.4	19.9	
美国	17.6	20.2	20.3	20.5	20.7	18.7	18.2	17.8
日本	32.7	29	26.9	25.9	26.2	25.6		21.5
韩国	37.7	33.4	21.2	26.7	28.2	26.9	26	29.3
新加坡	36.4	41.8	33.3	32.4	32.3	24.2	20.6	
泰国	41.4	33.7	20.4	20.5	22.8	24.1	23.9	
印度	24.1	23.6	21.4	23.7	22.7	22.3	22.8	35.9
巴西	20.2	21.5	21.1	20.4	21.5	21.2	20.3	
中国	35.2	38	37.4	37.1	36.4	38	39.4	49.7

资料来源: 1998~2012 年《国际统计年鉴》。

投资是我国经济发展的推动力,在我国经济处于全面建设小康社会和追赶中等发达国家水平的过程中,高投资率具有其必然性、合理性和积极作用的一面。短期来说,在我国消费结构还难以明显升级的情况下,高投资是带动经济增长、增加财政收入、扩大就业的重要手段;从我国实际情况看,1998 年以来我国持续实施积极的财政政策,拉动了全社会投资,对于消除亚洲金融危机的不利影响、推动我国经济进入新的增长时期发挥了积极重要的作用。

虽然高速的经济增长的确需要高速的投资增长来支撑,但是,过高的投资率和过低的消费率也会在一定程度上影响我国经济的可持续增长。投资和消费在短期内都可以拉动经济增长,但消费才是整个经济的最终驱动力、生产过程的最终环节,投资会扩大当期的总需求,又会按照一定的比例形成资本存量、增加下一期的总供给。因此,目前我们虽然可以通过扩大投资来保持经济增长,实现短期的总需求及总供给的平衡,但是如果消费量长期偏低,没有与投资率形成合理的比例关系,就会使投资增长失去最终需求的支撑,造成宏观经济的大起大落,加剧我国的生产过剩及资源短缺。

· (二) 我国固定资产投资结构变化

1. 经济类型结构的变化

按照经济类型标准,固定资产投资可分为国有经济和非国有经济固定资产投资,国有经济投资指的是国有经济部门中的固定资产投资,非国有经济投资指的是全社会固定资产投资中除去国有经济部门固定资产投资的剩余部分,主要包括集体经济、个体经济和其他经济类型的固定资产投资。

2011 年，全社会固定资产投资总额达 311485.1 亿元，其中国有经济、集体经济、个体经济和其他经济投资规模分别为 89796.9 亿元、11994.4 亿元、81821.2 亿元和 127872.6 亿元。随着改革的不断深化，我国投资主体逐步改变了格局，国有经济在投资中的占比逐步下降，非国有经济投资占比逐步上升；国有经济投资占比从 1980 年的 81.9% 下降到 2011 年的 28.8%，个体经济投资从 1980 年的 13.1% 上升到 2011 年的 26.3%，占比提高了约 13.2 个百分点（见图 11）。

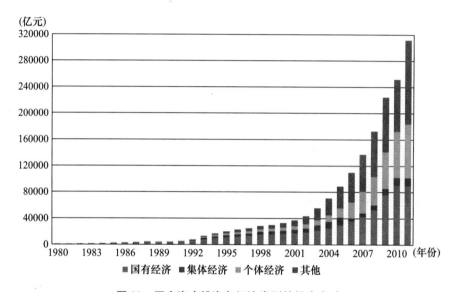

图 11 固定资产投资各经济类型的投资变动

资料来源：国家统计局。

2. 资金来源结构的变化

按照资金来源，我国固定资产投资可分为国家预算内资金、国内贷款、利用外资、自筹和其他资金四部分。改革开放以来，国家预算内资金、国内贷款、利用外资、自筹和其他资金分别由 1981 年的 269.8 亿元、122 亿元、36.4 亿元、532.9 亿元增加到 2014 年的 25410.9 亿元、64092.2 亿元、4042.1 亿元、419215.5 亿元，分别增加了 94.2 倍、525.3 倍、111 倍和 786.7 倍。

3. 城乡投资结构的变化

1981～2014 年，我国城镇投资和农村投资分别由 1981 年的 711.1 亿元和 249.9 亿元增加到 2014 年的 502004.9 亿元和 10755.8 亿元，分别增长了 706 倍和 43 倍；城镇投资和农村投资比重分别由 1981 年的 74% 和 26% 变化为 2014 年的 97.9% 和 2.1%，城镇投资比重始终占据绝对优势（见图 12）。

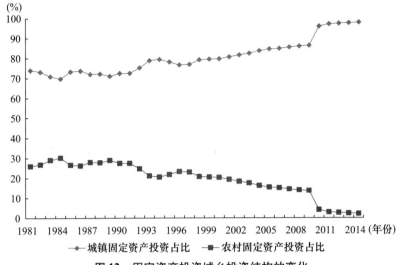

图12　固定资产投资城乡投资结构的变化

资料来源：根据国家统计局公布数据计算。

四、投资运用（方向）存在的问题及中长期趋势

现阶段，我国经济主要依靠投资拉动。对我国来说投资在经济增长中的作用非常关键。转变经济增长方式完成可持续的增长，号召建立以创新为内生动力的经济增长方式，提高消费占比，降低对投资的依赖。这里引出一个问题，投资仅仅是为了中央政府宏观调控稳定经济增长的一个手段，还是经济增长内生需要维持这么高的投资？为了回答这一问题，下文建立一个基于生产函数的模型并进行了分析（见图13）。

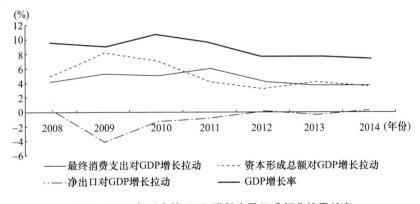

图13　2008年以来的GDP增长率及组成部分的贡献率

从拉动 GDP 增长率的各部分因素：消费、出口以及投资来看，一直以来我国投资对 GDP 的拉动作用较大。2008 年金融危机之后，由于外部需求疲软，出口对 GDP 的拉动作用较弱；最终消费受制于收入提高等因素的影响对 GDP 的拉动作用较稳定；可供调节 GDP 增速的唯一手段是投资。2008~2014 年，我国 GDP 增长率由 9.6% 下滑到 7.3%；其间消费拉动从 4.3% 下降到 3.7%；资本形成从 5% 下降到 3.6%；出口从 0.3% 下降到 0.1%。也就是说，从 2008~2014 年 GDP 的下降中，消费贡献 0.6 个百分点，资本形成贡献 1.4 个百分点，进出口贡献 0.2 个百分点。

经济的高增长是高投资的结果，其间 GDP 从 10.6% 下降到 7.3%，资本形成的拉动从 7 个百分点下降到了 3.6 个百分点。投资独自贡献了 3.3 个百分点的 GDP 下滑中的 3.4 个点。近些年的经济增长放缓完全是投资放缓的结果。从 GDP 贡献来看，似乎是要放弃投资驱动的经济，进行经济转型。那么需要还是不需要继续依靠投资就是一个问题。

（一）资本深化仍未完成，企业仍需投资

随着工业化进程的发展，资本积累会越来越多，生产过程中资本要素所占的比重会提高。资本比重提高对劳动生产率、产出以及技术进步等有何影响一直是相关研究的热点。相关研究有：朱钟棣、李小平（2005）发现我国工业行业资本深化和全要素生产率呈负向关系；袁云峰（2012）在分地区的研究中发现，地方政府对金融干预的强化导致地区资本过度深化，最终降低了经济效率；杨文举（2006）的研究表明资本深化对劳动生产率促进作用明显；吴海民（2013）的计量结果显示在不同的资本深化阶段对劳动生产率的提升作用是不同的；李文兵（2011）则认为我国改革开放以来生产率的增长主要是产业资本深化带来的。

需要研究的是，能否用加大资本投入、资本深化的方法提升人均劳动生产率，也就是说需要研究解决为了提高生产率是雇用更多的劳动力，还是投入更多的资本的问题，即现阶段资本和人力谁更稀缺的问题。

1. 资本深化对劳动生产率的提升作用

要素投入的边际递减规律的约束使得生产不可能无限扩张下去。资本深化对劳动生产率的影响并不是单一的线性关系。为了考察这种非线性关系，假设劳动生产率同资本劳动替代弹性密切相关，替代弹性的不同取值通过不同的方式影响资本深化对劳动生产率的提升作用。

考虑使用 CES 生产函数：

$$Y = A[\delta L^{-\rho} + (1-\delta)K^{-\rho}]^{-\frac{m}{\rho}}$$

其中，A 为技术进步系数，δ 为生产要素分配系数，ρ 为替代参数，m 为规

模报酬参数。对 CES 生产函数的分析见 Arrow、Chenery、Mihas 等人的分析。

资本劳动替代弹性定义：资本劳动投入比的相对变化率与要素边际替代率的变化率之比。资本劳动替代弹性 σ > 1，则资本与劳动有很强的替代性，σ < 1 表现为弱替代弹性，σ→0，两者是互补关系。从 CES 生产函数可以得出，σ 与 ρ 有如下关系：

$$\sigma = \frac{d(K/L)}{K/L} \Big/ \frac{d(MP_L/MP_K)}{MP_L/MP_K} = d\left(\ln \frac{K}{L}\right) \Big/ d\left(\ln \frac{MP_L}{MP_K}\right) = \frac{1}{1+\rho}$$

假设某代表性厂商的产品市场价格为 P，劳动力价格为 w，资本回报率 r，在 CES 生产函数下利润最大化：

$$\begin{cases} \max \pi = PY - wL - rK \\ \text{s. t.} \quad Y = A[\delta L^{-\rho} + (1-\delta)K^{-\rho}]^{-\frac{m}{\rho}} \end{cases}$$

求解 L 的一阶条件，并代入 CES 生产函数得到：

$$\frac{Y}{L} = \frac{w\left[\delta + (1-\delta)\left(\frac{K}{L}\right)^{-\rho}\right]}{P\,m\delta}$$

其中，$\frac{Y}{L}$ 为劳动生产率的代表，$\frac{K}{L}$ 为资本深化的衡量。将上述比值作为整体，对上式求关于 $\frac{K}{L}$ 的偏导数可得：

$$\frac{\partial\left(\frac{Y}{L}\right)}{\partial\left(\frac{K}{L}\right)} = \frac{-\rho w(1-\delta)}{Pm\delta}\left(\frac{K}{L}\right)^{-\rho-1}$$

上式可以作为分析资本深化对劳动效率影响的基准。资本与劳动的替代弹性 $\sigma = \frac{1}{1+\rho} > 1$ 表示资本对劳动的替代是富有弹性的，则有 $-1 < \rho < 0$，代入上式则偏导数大于 0，即在资本劳动替代弹性大于 1 时富有弹性，劳动生产率随资本深化不断提高。另外，资本与劳动的替代弹性 $\sigma = \frac{1}{1+\rho} < 1$ 表示资本对劳动的替代有弱弹性，则有 $0 < \rho < \infty$，代入上式则偏导数小于 0，即在资本劳动替代弹性小于 1 时弹性较弱，劳动生产率随资本深化不断降低。

通过上述分析，资本扩张在资本与劳动有强替代关系时才能引起产量增长。反之，则不成立。实证结果证明了具有较高资本劳动替代弹性的国家具有更高的增长率。De La Grandville（1989）在对比研究 1962～1981 年的韩国和美国的经济增长时发现，韩国资本劳动替代弹性大于 1，而美国替代弹性小于 1，这一差异造成了韩国经济增长高于美国。Mallick（2007）对全球 90 个国家的资本劳动替代弹性分析发现产出增长率与资本弹性显著正相关。在影响机制上面，Kaldor（1975）、Baumol（1986）认为，资本过多的投入，首先会增加产量，受到工业生产规模报酬递增规律的影响，工业产出增长率提高，工业部门的劳动生产率也就提高越快。产出增长会带动劳动生产率的增长。

资本劳动替代弹性大，说明两种投入要素在生产过程中可以任意搭配，使用价格更具优势的要素减少生产成本。同时，替代弹性大还能减缓任一种要素投入边际产出递减的负面作用。资本劳动替代弹性较小，资本深化容易造成效率浪费，资本深化加快提高了资本存量，资产价格上升同样提高了资本存量，容易催生投机行为和经济泡沫。资本积累通过投资以及价值重估重复进入市场，最终资本过度积累，将使经济处于无效率之中。

2. 投资对劳动生产率作用的实证分析

上述分析中提到投资可能是非线性的影响劳动生产率，资本深化对劳动生产率的影响进行实证需要能表现非线性特征。在不知道具体函数形式的条件下，可以采用分段回归来近似拟合非线性特征。将资本深化分成不同的组别，分别考察不同资本深化程度对劳动生产率的影响。

实证采用数据样本为 2001～2013 年沪市制造业上市公司经营数据，其中剔除了 ST 类股票以及至 2001 年仍没有相关数据的样本，最后确定有效样本为 310家制造业上市公司（以上数据来源同花顺 iFind 数据库）。

实证采用指标分别为：人均营业收入（workefficiency）、人均总资产（capital）、总资产周转率（turnover）、利润率（profit）、无形资产占总资产的比重（intange）以及反映公司性质的（soe、csoe 和 private）特征变量。其中，人均营业收入作为劳动生产率的代表变量；人均总资产表示资本深化程度；总资产周转率、利润率和无形资产占比用来控制不同行业特征；引入中央企业（csoe）、一般国有企业（seo）以及私营企业（private）变量是为了控制不同的所有制类型企业的影响。将人均资产（capital）平均分为 8 组（L1～L8）分组计算回归系数。回归模型如下：

$$\text{workefficiency}_{it} = c + \alpha_1 \text{turnover}_{it} + \alpha_2 \text{intange}_{it} + \alpha_3 \text{profit}_{it}$$
$$+ \alpha_4 \text{csoe}_i + \alpha_5 \text{soe}_i + \beta_1 \text{capital}_{it} \times \text{L2}_{it}$$
$$+ \beta_2 \text{capital}_{it} \times \text{L3}_{it} + \beta_3 \text{capital}_{it} \times \text{L4}_{it}$$
$$+ \beta_4 \text{capital}_{it} \times \text{L5}_{it} + \beta_5 \text{capital}_{it} \times \text{L6}_{it}$$
$$+ \beta_6 \text{capital}_{it} \times \text{L7}_{it} + \beta_7 \text{capital}_{it} \times \text{L8}_{it} + \varepsilon_{it}$$

经过 Hausman 检验确定使用固定效应方法回归，由于时间面板数据结构为 310×13 的宽个体、短时间序列，所以直接使用固定效应回归，实证结果如表4所示。

表4 实证结果

因变量	workefficiency			
自变量	L			
	L2	L3	L4	L5
capital	1. 131208 ***	1. 230852 ***	1. 179964 ***	1. 172133 ***
	L6	L7	L8	
	0. 937683 ***	0. 816206	0. 820369 ***	
csoe	– 125870. 4			
soe	– 47512. 73			
turnover	2391691 ***			
profit	– 10917. 32 ***			
intange	1774. 659			
R²	0. 941916			

注：未列出固定效应系数，＊、＊＊、＊＊＊分别表示10%、5%、1%的显著水平。

首先，不同组别的资本深化系数均显著为正相关。资本深化对上市公司劳动生产率的提高有正面作用，说明制造业企业通过投资可以提升劳动生产率，提高产量。从资本深化程度 L2 组到 L8 组资本存量递增，回归系数从 1.1 左右递减到 0.8 左右，说明随着资本深化程度的不断加深，资本对劳动生产率的提升作用不断递减。

现阶段，沪市制造业上市公司一般为我国发展较好、规模较大的企业，国内众多中小企业仍然不能在沪市上市，这些企业的资本深化程度较样本中的企业较低，考虑到这种情况可以推断：短期内加大资本投入替代劳动生产力，可以提高劳动生产率。现阶段制造业企业依靠大规模投资驱动提高效率，用资本替代劳动力是可行的。

其次，资产周转率与劳动生产率正相关符合预期。利润率与劳动生产率负相关与经验不符。国外研究表明，利润率的增加会带来企业研发支出的增加或者有利于资本形成，有利于提高劳动效率。无形资产占总资产的比重不能显著地影响劳动生产率。综合以上结果，猜测科技发展还未形成样本企业增长的主流动力，企业仍属于引进技术、投入规模扩张的时期。企业所有制跟劳动效率的提升无关，不管是中央企业、一般国有企业还是私营企业，在劳动效率方面没有特别的差异。经过多年的国企改革，上市制造业企业在提升劳动生产率方面并不落后于私有企业。

我国劳均资本低于多数国家，2011 年的劳均资本存量仅相当于 1971 年的日本、1989 年的韩国和中国台湾。从实证到国际经验，都表明了我国投资过剩的问题是结构性的问题，并不是全面的资本过剩概念（见图 14）。

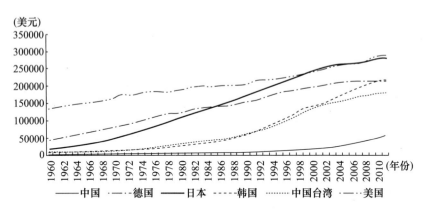

图 14　各国（地区）劳均资本存量

3. 结论——劳动生产率的高低成为决定未来经济能否持续增长的关键

以上实证结果表明：我国现发展阶段仍处于从传统劳动密集型为主到以技术改造、转型升级等途径推动的资本深化进程中，并没有出现资本过剩引起的劳动生产率下降现象，所以就制造业企业而言，继续加大投资有利于提高生产效率。

现阶段，加大投资促进资本深化对提升劳动生产率仍然具有积极意义，因此对投资的质疑和担忧都是没有必要的。不过，从分组回归系数递减的情况来看，长期随着资本深化程度的不断加深，其对劳动生产率的提升作用会不断递减。从长期来看，在一定条件下依靠大规模投资驱动资本深化来带动经济增长的方式同样并不合适。

（二）投资方向不合理导致投资效率低下

根据以往的历史数据，我国投资过热往往伴随产能过剩（见图 15）。期初投资决策缺乏前瞻性、系统性，盲目投资，最后的结果往往是投资过热。另外，由于缺乏前瞻性、系统性的投资研究，短期投资决策往往是选择容易形成经济效益的投资标的——基础设施建设、房地产投资为代表的低技术含量、见效快的领域及其衍生出的水泥、玻璃、钢材等行业周期性非常明显，同时也是最容易产能过剩的行业。投资缺乏前瞻性是造成一些领域出现周期性波动的根本原因；投资短期功利性是造成低端产业重复投资的重要原因。

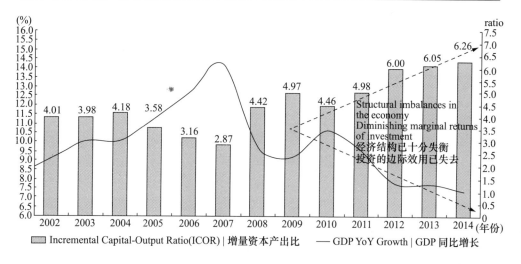

图 15　投资效率与经济增长

资料来源：Source：NBS，CEIC | CEIC estimates。

增量资本产出比（ICOR）= 当年投资增量(I)/生产总值增加量（ΔY）。即年度投资与当年增量产出之比。增量资本产出率（ICOR）是反映投资效率的经济指标，用以衡量一个经济体单位产出增长所需的投资量。一般而言，一个经济体的 ICOR 越高，其投资效率和生产效率越低。

综观这几年的经济活动，每逢经济出现问题，当局都会推出大规模的投资来刺激经济继续保持在高位增长，而随后又因为投资过大，造成产业结构更加失衡。也造成了一些产能过剩行业、房地产行业的畸形发展。如今的新常态是经济发展的正常运行轨迹吗？其实近年的经济增长已非大规模投资就能推动的，因为经济结构已十分失衡，投资的边际效用已失去。

当前中国投资有几大拉动力量，第一是制造业投资，第二是房地产投资，第三是基础设施投资，这三大投资占到投资总体的 90%。在中国来讲，制造业投资无论是国有企业也好、民营企业也好，由于集中在低附加值产业，产业利润率较低仅有 4%～5%，并且投下去有可能就是产能过剩。房地产现在存在存量房过多的风险，尤其是二、三线城市，投资房地产也存在风险，靠房地产再加大刺激也不可能。剩下就是基础设施投资了，基础设施投资主要靠政府，地方政府债务过大，又可能出现地方债务危机了。从投资方向上来看，下一阶段靠投资拉动经济增长存在各种困难。

至于经济转型，人们能亲身感受到的应当是互联网经济。什么"互联网＋"、"O2O"等，但这些不全是经济转型、产业结构升级，或者是促进商品、服务等交易更便利的经济活动。产业结构是否因而得以优化，资源配置是否更加合理，更加有经济效益，恐怕还需要时间来证明。

投资决策体制非市场化，以往通过压低原材料、劳动力价格，为工业发展提供动力。虽然这样提高了工业增长率，提高了出口，换回的却是劳动收入占比的下降，以至于消费拉动 GDP 的能力越来越弱。另外，工业利润通过税收形成政府收入，政府代替市场做出投资决策，往往投资方向存在问题，投资效率低下。毕竟政府的投资决策不是基于市场经济理性个体的前提出发的（见图16）。

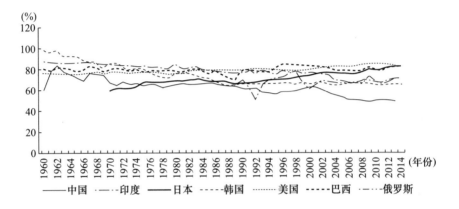

图16　各国消费占 GDP 的比重

市场失灵领域（垄断及公共品供给）的投资畸形。市场经济不是万能的，在某些领域市场存在失灵的情况，例如垄断与公共物品的供给，这种市场失灵在投资上是有所体现的。

天然垄断与法律形式的垄断阻碍了市场能力的发挥。我国一些大型国有企业垄断整个行业，例如石油加工行业，国有企业垄断资格的取得是通过以往的法律、法规获得的。在垄断行业，虽然经营效率低下，但由于可以实现垄断利差，垄断行业其实是分享了高效率企业的盈利能力。对垄断行业的投资限制，阻碍了民间资本进入该行业，进一步加强了行业的无效率。

另外，公共物品的供给。根据经济学原理公共物品的市场均衡供给将会小于市场需求，甚至在一些领域公共物品因为私人无盈利机会可能会退出市场。一方面是市场存在需求，另一方面是私人资本不愿意提供该产品。这种情况下，就需要政府来提供公共物品满足市场需求，实现有效率的供给。目前，我国教育、医疗等公共物品的政府提供严重不足。这些领域的投资需要政府资金支持，而这些年政府对民生领域的投资是非常缺乏的，原因可能是这些领域的投资需要一个漫长的转化过程，不可能立刻转为 GDP 实现地区生产总值的提高，政府投资的急功近利性多摒弃了这类项目（见图 17 和图 18）。

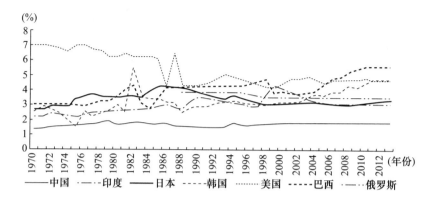

图 17   教育支出占 GDP 的比重

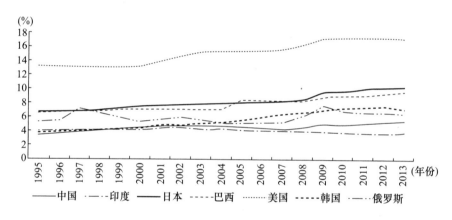

图 18   健康支出占 GDP 的比重

五、产业转型升级过程中的投资驱动

　　波特按照主要驱动力把经济增长划分为要素驱动阶段、投资驱动阶段、创新驱动阶段、财富驱动阶段。从以往发达国家和地区的经济增长实践来看，各国在投资驱动阶段，都经历了较为明显的经济持续高速增长，固定资产投资及资本存量对经济增长的贡献率通常高于百分之六七十；而当进入上中等收入水平，在资源、能源严重短缺，环境污染压力日益严峻，劳动力等要素成本大幅上升、国际竞争日益激烈的条件下，继续采取投资高增长的单边拉动增长方式，就可能导致投资效率的严重低下和投资风险超乎寻常的累积，使经济陷入停滞或长期低增长率状态。

根据现代经济增长理论，资本、技术、知识和制度都是经济增长的源泉，而投资是资本形成的重要源泉。总体来看，现有的经济结构是过去投资结构的必然产物，现在投资结构是未来经济结构的前瞻反映。因此，要在调整经济结构、转变发展方式上取得明显成效，就必须从调整投资结构着手。为突破经济增长瓶颈，各国将投资结构调整与产业结构调整、经济方式转换结合起来，构建新的投资体制与机制，稳定投资增长率、提高投资收益率，推动经济结构调整优化与升级转型。

（一）各国产业结构演化进程

1. 美国的产业结构演化历程

美国是典型的市场经济国家，"二战"前政府基本上扮演"守夜人"的角色，产业发展主要在市场的自发作用下进行。"二战"后，世界经济形势复杂多变，全球竞争日益加剧，美国政府逐步加大了经济干预力度，特别是为了应对20 世纪 70 年代能源危机和新一轮金融危机，美国政府在产业转型升级中发挥了重要的顶层设计、战略导向及政策支持作用。创新驱动、政府与市场紧密结合共同促进产业转型升级，是美国经济实力长期稳居全球之首的奥秘所在。近年来，在全球经济复苏疲弱、欧盟和日本经济陷于衰退泥潭难以自拔的情况下，美国经济率先温和复苏，再次抢占世界经济前沿，这在很大程度上得益于美国政府主导的具有前瞻性的产业大调整，它为美国以大数据为主的高科技产业和战略性新兴产业崛起赢得了先机。纵观"二战"后美国产业的发展，大体经历了两个时期：

一是 20 世纪 40 年代中后期至 80 年代末。"二战"结束后，美国有针对性地制定了一系列战略引领产业不断升级，逐渐确立了世界经济霸主地位。20 世纪70 年代末，面临日本和欧洲的严峻挑战，美国开始真正重视产业政策。里根政府在反思产业结构问题的同时，通过放松管制、减税等为产业创新营造宽松环境。80 年代连续推出"贸易政策行动计划"、"综合贸易与竞争力法案"和"国家贸易政策纲要"等政策法规，推进美国产业的国际化发展。

二是 20 世纪 90 年代至今。90 年代美国产业政策着眼于产业创新，政府将以技术创新为核心的产业技术政策纳入国家政策体系，制定国家科技发展战略，加快军用经济向民用经济转移，为产业转型升级提供坚实的制度保障。克林顿执政期间，大力支持基础性研究和开发，1993 年宣布实施新的高科技计划——建立以因特网为雏形的信息高速公路，极大地促进了美国在计算机网络技术、原子能技术、生物技术和空间技术等为重要标志的相关产业发展，导致第三次科技革命率先在美国发生。21世纪以来，美国贯彻"保持优势战略"，确保其在研发、制造、贸易方面的世界领先地位。此间，美国还充分利用经济全球化带来的机遇在全球进行产业战略性布局，有意识地将本土企业的制造环节向发展中国家转移，以充分利用这些国家的制造能力和较低的生产要素成本，而关系到行业竞争力的核心技术和战略性、基础性产业的研发设计，以及航空航天、信息技术、生物制药、汽车制造等则留在本国发展。

2. 欧洲的产业结构演化历程

一是欧盟层面及其多数成员国对工业经济地位的主流认识经历了较大转变。20世纪70年代以来，虽然工业占比开始迅速降低，但是欧盟整体上对于工业仍保持着高度重视；90年代，随着"去工业化"的加剧和"知识经济"的兴起，欧盟层面及多数成员国普遍产生了轻视工业的倾向；进入21世纪之后，工业对于拉动经济增长与保持竞争力的关键作用再次获得肯定，国际金融危机的爆发则进一步触动了欧洲对于工业与服务业关系的深刻反思，工业的地位进一步得到认可。近两年，欧盟基于过去几十年产业结构调整的经验及相应的认识转变，提出"再工业化"战略决策。

二是从产业组织形式上看，自"二战"后大企业占绝对主导到70年代之后，中小企业产业区与产业集群获得较快发展，到90年代大企业重新焕发活力，再到近年来由各类规模的企业通过横、纵向联系而形成的各种新型生产网络迅速发展，欧洲一直在生产组织形式上不断探索与创新，以适应不断变化的内外部经济环境。在这一过程中，欧洲为现代工业模式多样化所做的贡献不容忽视。

三是欧洲在产业结构上开启了向"绿色经济"转型的进程，近年来又提出"低碳经济"这一更具丰富内涵的概念，并将其确立为未来的长期发展目标。欧洲多国（包括德国、意大利、瑞典、丹麦等）的节能环保与可再生能源技术已具有世界领先优势，一些领域走在了美国的前面并日益成为其竞争力的新源泉。总体上看，欧洲在这一领域取得的成绩构成了其未来产业结构升级的坚实基础。

四是在20世纪70年代即初露端倪的新技术浪潮（包括信息技术、生物技术、新材料、新能源等）与美国相比，欧盟至今未摆脱整体上落后的状态，这与欧洲在技术创新能力与环境包括创新文化的相对缺失、僵化的劳动力市场、缺乏活力的金融市场上的落后密切相关。时至今日，上述结构性弱点仍是欧洲产业结构升级的沉重"包袱"，能否克服这些"顽疾"是其能否顺利推进"再工业化"战略的关键所在。

五是注重经济社会环境可持续发展的欧洲经济社会模式逐步形成且对其产业结构转型与调整产生了深刻影响。长期以来，欧洲企业擅长从质量、环保、品牌、设计、个性化定制等方面获得高附加值，即是其经济社会模式的重要体现。

另外，当前正在推进的"再工业化"战略强调可再生能源与先进制造技术齐头并进的发展思路，也体现了该模式的重要影响具有典型的"欧盟特色"。目前看来虽然近年来这一模式面临着调整压力，但是其核心价值观已较为稳定，仍将在很大程度上决定着未来产业结构调整的方向与内容。

3. 亚洲国家的产业结构演化历程

日本在 20 世纪 80 年代以来，逐步将劳动、资本密集型产业转移到海外用于直接投资，国内则代之以技术和知识密集型产业，从而使国内产业进入了"后知识密集型时代"。这时期的投资重点集中在公共基础设施，新兴研究开发型产业，并用高新技术改造传统产业。2000 年，通商产业省（2001 年更名为经济产业省）发表的《21 世纪经济产业政策的课题与展望》认为，支撑日本半个世纪发展的"自给自足式"经济模式已经不适应新时代要求，应当建立一个"更开放的、相互联系的模式"，将未来的可持续发展产业重点放在技术创新、信息产业、老龄化社会服务和环保产业上。这次产业结构调整实际上是新时期日本政治、经济体制转型的一环，影响深远。2006 年日本经济产业省公布的《新经济增长战略大纲》，涵盖产业政策于其中，不仅确定了政府重点支持产业的增长目标，还提出了相应配套措施。

韩国在 20 世纪 70 年代后，将重化工业确定为投资重点，以资本密集型的造船产业为主导产业，政府为重点扶持的钢铁、造船、机械等产业提供长期低息的政策性贷款和外汇贷款，享受减免税优惠，对发展前景广阔的企业还直接参股投资，因而以汽车、船舶、石油化工、国防等产业为主的重化工业获得迅速发展。1970～1980 年这 11 年间，韩国主要是由劳动密集型为主导的产业结构转向以资本密集型为主导的产业结构。20 世纪 80 年代之后，韩国认识到技术的弱势无以形成具有竞争优势的产业结构，只有以科技立国，重视技术进步的作用，建立以知识技术密集型为主导的产业结构，才能在复杂的国内国际形势中求得生存。80 年代中期后，韩国将电子、汽车等技术、知识密集型产业确定为主导产业，通过引进、消化技术使产业结构更加优化，进一步升级。在韩国投资产业结构动态发展过程中，韩国实现了从进口替代产业向出口主导产业的转变，大量引进国外的资金、先进技术和设备以发展外向型经济是韩国经济浓缩超速发展的突出特点。

中国台湾在 70 年代制定了优先发展资本密集型的重化工业的产业结构调整战略，重点向重化工业和社会基础设施投资；紧接着，在新技术革命推动下，中国台湾又制定了重点发展技术密集型产业的政策，确定机械、信息、电子工业为战略产业，产业结构向技术、知识密集型产业升级；采取相应税收、金融、外贸等优惠政策加大对这些产业的投资，并重视高新技术的研制和开发，以技术升级带动工业升级。新加坡、中国香港也经历了类似的投资产业结构发展过程。

（二）产业转型升级中促进投资的实践及经验

1. 投资产业结构的调整升级需要必要的基础设施

一是提供法制化发展环境。美国通过《中小企业投资法案》建立了产业投资基金发展的法制基础，日本政府效仿美国出台了中小企业投资法，后续还出台了《天使投资人税制》、《投资实业有限责任组合法》、《新实业创出促进法》等与产业投资基金发展相关的多项法律。中国台湾在产业发展道路上先后出台《奖励投资条例》、《促进产业升级条例》、《产业创新条例》三大与产业政策有关的法律法规。

二是坚持产业引导。美国政府在战略新兴产业各个领域提供研发资金、技术和公共服务支持，重视发挥行业协会在技术研发、发展规划、法律制度、市场运作以及风险管理等领域的效果。特别是 2008 年金融危机后，美国政府提出了一系列促进产业转型升级的相关规划或行动计划，如《重振美国制造业政策框架》、《美国先进制造业的领先地位计划》、《先进制造业国家战略计划》、《美国创新战略——确保经济增长与繁荣》等，构建以制造业、能源、劳动力技能为支柱的国家永续经济蓝图，推动创新和重振制造业大发展。日本大藏省、通产省、邮政省等多家政府机构和经济团体，积极引导产业投资基金的产业布局，重点发展了高端装备、精密制造、新材料以及制造业服务等领域。以色列政府则更加注重产业化转化，重点支持产业化研究与开发，由工业与贸易部总科学家办公室负责高科技项目研究与产业化。中国台湾推出一系列扶植产业发展壮大的产业政策，在推动中国台湾经济发展尤其是调整产业结构上成效显著，其核心概念就是"鼓励所有产业投入创新"，即创新不再仅仅限于研发，而是涵盖了生产流程创新、组织模式或产品创新等范畴，连产学研合作模式的创新也可以获得相应奖励，使得创新成为所有产业可以参与的活动。

三是重视科研与基础教育工作。韩国在科技预算管理中，将科技计划与预算编制紧密联系在一起，编制科技计划的同时编制财政预算。《教育税法》规定了11.8％的教育税，使得韩国政府对教育投资的主要经费来源得以稳定增加。同时制定了一套由政府企业共同负担教育经费、互惠互利的职业教育发展战略，教育投资紧扣战略产业发展步伐，以政府为投资主体，投资总量充足且均等，并普及中等教育，重点扶持高等教育，按产业结构升级要求储备人才，形成了多层次、多角度、多方资金支持的教育投资体系。日本由政府采取"官—产—学"相结合的科技创新体制，鼓励政府、企业与高校之间的合作，开展联合研究与开发活动，并将科研与生产紧密结合。同时政府为中小企业投资项目提供技术援助和启动资金支持，包括对项目的可行性研究提供技术援助、筹集项目研发资金以及进行技术人员的培训等。中国台湾建立了严格的"管考作业"（即管理与考评制度），对科技项目进行绩效评估，通过短期绩效管考在计划执行的期中、期末进行查证、不定期查访，每年提交执行单位的绩效年度报告；通过长期绩效考评，在整个计划完成后，根据承担项目机构定位、成果推广和应用能力、产业效益及未来规划等多项指标进行考评。

2. 在促进科研创新投资方面辅之以财税政策支持

西方国家税收优惠政策除总量优惠外，还注重结构性优惠。重点作用于外部性较强的部门，如基础研究、基础教育等方面，同时兼顾产业结构升级的全过程，在关键环节通过操作性极强的政策予以支持。在科技创新方面，发达国家采取多层次税收优惠政策，依照科技创新本身的原理和过程有重点地制定具体优惠措施。

一是大学和科研机构是税收优惠政策的重要支持对象。美国和加拿大的税法都将高校和科研机构纳入非营利机构范畴，施行免交所得税的优惠政策。另外企业支付给大学和科研机构的研究费用可按一定比例抵免所得税。

二是企业创新投入是税收优惠政策的重点刺激对象。加拿大"科学研究与实验开发税收计划"规定，如企业上一年应税收入少于20万加元、当年研发投入在200万加元以内，政府给予35%的投资税收减免。美国规定，当年企业发生亏损时，研发费用可向前结转或向后抵扣。韩国从1972年开始实行技术开发准备金制度，即普通企业可按照销售收入总额的3%（技术密集型企业为4%，生产资料企业为5%）在税前提取技术研发基金，主要用于高新技术的研发活动。中国台湾规定在创新中发挥积极作用的中小企业在"产创条例"中享受17%的营利事业所得税率，比原税率（20%）降低了3个百分点。

三是鼓励企业购买先进设备是税收优惠的重要着力点。日本政府对于购买符合特定范围设备的企业给予7%的税额扣除或加速折旧。另外日本还在2003年出台《IT投资促进税制》，通过对不同环保技术标准设置了不同的税收额度，鼓励企业尽可能采用新技术和新设备，提高企业装备水平和节能环保能力。中国台湾科学工业园区的企业可以全部免征进口税、货物税、营业税和土地税，5年内免征营利事业所得税，外销产品免税，且期满后可以享受最高税率为20%的低税率政策。

四是科研成果转化是税收优惠政策关注的重点。新加坡规定对于依靠专利转让所获得一次性收入可认作资本收益免税。韩国对出让技术专利或者专利使用权的收入给予50%的所得税减免。澳大利亚对于企业购买技术的支出进行100%的扣除。

五是各国对高科技企业还有特别的税收优惠政策。新加坡对符合条件的高科技企业给予 5 ~ 10 年的免收所得税优惠。美国规定从事高科技专业的科研人员用于科研经费的所得免收个人所得税。

六是通过税收的结构性调整推进产业体系的节能化。首先，通过惩罚性税收限制高能耗产业，提高能源利用效率，减少企业和个人碳排放量。日本对石化类能源产品施行高税收政策，英国征收气候变化税，促进企业节能减排。德国通过开征"燃油税"将环境的治理费用内化在石化燃料的价格中。其次，通过税收优惠促进企业节能技术研发。美国对研究污染控制的新技术和生产污染替代品的企业予以所得税减免，法国政府通过税收减免政策鼓励个人和企业研究太阳能和节能汽车，德国对实施环保项目研发的企业给予研发费用的税前扣除，对积极承担环保责任的企业给予一定的信贷优惠。最后，通过税收优惠政策促进节能产品的推广和应用。美国税法规定对企业购买循环利用设备免征销售税，对净化水设施建设援助不计入企业所得税税基，对企业购买的环保设备可在 5 年内加速折旧完毕。

3. 创投类资本是国外发展战略新兴产业的重要投资主体

战略新兴产业投资基金是一种对未上市企业进行股权投资和提供经营管理服务的利益共享、风险共担的集合投资制度，与之具有相似实质内涵的还有私募股权基金、创业投资基金或风险投资基金等投融资机制，是国外发展战略新兴产业的一种较为普遍的市场化融资机制。

（1）国外产业投资基金的组织形式。组织形式上主要分为公司制、契约制和合伙制三种类型。在初步发展阶段，国外产业投资基金主要采取公司制。20 世纪 70 ~ 80 年代后，由于法律和税收原因，合伙制产业投资基金成为美国、英国等的主流方式；而澳大利亚、德国、日本等以公司制为主要方式。目前，合伙制是全球产业投资基金的主流方式。

以英国创业投资信托计划（VCTS）为例，该计划出台于 1995 年，宗旨是鼓励个人投资者通过专业性创业投资基金间接从事创业投资。为有效保护个人投资者权益，基金的组织形式必须是股份有限公司制，且必须在伦敦证券交易所主板上市，基金管理机构要接受英国金融服务局监管。该计划要求公募基金公司所从事的投资行为，必须符合以下条件：一是基金公司必须投资多个公司，对每个公司的投资额不得超过基金总额的 15%，且基金公司 70% 以上的资金必须以股权形式投资；二是被投资企业必须符合小企业标准，即总资产不超过 1500 万英镑，员工数量不超过 250 名；三是被投资企业必须不被其他企业控股，且未在主板上市，每年所获投资额不能超过 500 万英镑；四是被投资企业所处行业必须是除资金借贷、租赁以及资产剥离业务及受欧盟其他计划资助之外的行业。

（2）国外产业投资基金的资金来源。欧美国家中，机构资本和民间资本是战略新兴产业投资基金的最主要来源，政府资本往往是"少数派"。英美是资本市场型战略新兴产业投资基金的典型，也是目前全球战略新兴产业投资基金发展最为成熟的国家。两个国家战略新兴产业投资基金的发展主要依赖于英美高度发展的金融市场特别是资本市场和机构投资者，最主要的资金来源于养老基金与保险资金、企业、个人、捐赠资金和银行资金等，政府出资比例非常有限，美国整体不足3%、欧洲大陆约为6%、日本为5%~7%。德国和日本的产业投资基金主要是以银行为中心的发展模式。德国金融体系是混业经营模式，使得银行成为"万能银行"，在产业投资基金等领域占据支配地位。而日本由于养老金不可以用于创业产业投资，产业投资基金的主要发起人则是银行或大财团。两个经济体出于各自不同的原因，形成了以银行为中心的产业投资基金发展模式。

以色列、新加坡等政府出资比例较高。以色列是美国和英国之外产业投资基金发展最为发达的经济体，是政府主导型战略新兴产业投资基金发展模式的典型代表，1992年以色列政府设立了YOZMA基金和国有独资的YOZMA公司，通过与国外资本的合作，成立了10个战略新兴产业投资基金。10年后，该基金拥有80个产业投资基金，成为全球最重要的产业投资基金之一，2002年其筹资额占GDP比重约为2.5%，为全球最高水平。在新加坡，2010年专门扶持海洋经济投资的产业投资基金Seatown的30亿美元启动资金全部来自政府投资公司淡马锡。

（3）国外产业投资基金的投资目标。在国外产业投资基金的投资对象，主要集中在战略新兴行业，但传统产业升级亦是重要方向。由于不同经济体的经济结构大相径庭，国外产业投资基金的投资对象结构存在着明显差异，特别是产业结构差异性较大。美国、英国、以色列等以投资战略新兴产业为主，德国、日本、新加坡和中国台湾等则兼顾了传统产业的发展。

美国产业投资基金主要集中在电子信息、医药生物与医疗服务和创新型消费服务三大新兴战略产业，投资规模占比大致分别为50%、30%和10%。欧洲产业投资基金主要集中在电子信息、医药生物与医疗服务、工业、消费服务等，占比大致分别为35%、20%、15%和10%。以色列则以信息网络和医药生物为核心投资领域。日本则以电子信息、精密制造与新材料、制造服务业等作为产业投资基金的重点领域，比重大致分别为40%、20%和15%。中国台湾产业投资基金的行业分布主要集中在光电（20%）、电子（17%）、半导体（14%）、通信（10%）和生物科技（7%），在传统制造业、通用化学、新型材料、自动化等领域也有一定的分布。

（4）国外产业投资基金的资金支持方式。以德国为例，主要包括投向创业期、新兴的、高科技企业的初创型基金和投向大中型企业的成长型基金。在对企业投入上分为四期三比例，即种子、初创、成长、重组期；比例为种子初创期33.3%、成长期40%、重组20%、其他为6.7%。借贷额度不超过投资总额的1/3，2/3由担保银行提供，但企业股东担保或用个人财产抵押必须达到投入额的1/3。对于成立三年以内的新企业，给予25万欧元10年期贷款，年利息7%～8%，如有利润再加2.5%的年利息；对于公司继任的收购（收购企业后继续经营），最高50万欧元，7～10年贷款，6.75%～7.75%年利率，有盈利时再加2%～2.5%的年息；对于成长型企业三年以上，最高给予100万欧元贷款，10年期，按企业信用等级收取7%～8.5%的年息，有盈利时再加2%～2.5%的年息。以上三类，每次收取一次性审批费2%～2.5%。

（5）国外产业投资基金的退出机制。产业投资基金的传统退出机制主要包括公开上市、出售股权、公司回购、破产清算或到期清算等类型，基于不同经济体的现实情况特别是金融市场的发达程度的不同，退出方式有所侧重，但公开上市和股权转让是最普遍的方式。公开上市是产业投资基金退出的首选方式，主要在于投资回报率极高。但是，从操作层面看，由于公开上市的难度较大，股权转让成为国外产业投资基金退出的最普遍方式。从美国和欧洲市场统计数据来看，股权转让项目是公开上市退出的3倍。15年来股权投资退出数据显示，投借企业中有6.6%上市，盈利为14倍；46.6%回购或转售，盈利达到10倍；46.6%待持，总的平均回报率为20%。

（6）产业投资基金的国际合作。在全球经济一体化背景下，各国政府认识到一国经济及产业环境的局限性，因此通过拓展双边国际合作来发展战略新兴产业投资基金，以色列、美国、加拿大、英国等多个国家成立了以BIRD基金及YOZMA为代表的双边或者多边产业投资基金。另外，许多产业投资基金的资金和市场呈现"两头在外"的模式，即从国外金融市场筹集资金，产品销售集中在国际市场，国内主要掌握研发、技术和产业化的核心环节。

4. 对外直接投资与产业结构升级相辅相成

从韩国、中国台湾的经验来看，结合国家或者地区内新一轮的产业结构调整趋势，本土企业通过跨国兼并收购、建立高科技的合资独资企业、到发达国家建立研发机构以及通过企业间的国际战略联盟，提高国内技术创新的力度，进一步优化国内的产业结构。通过对外直接投资，首先是可以转移国内过剩产能和改善出口贸易条件，释放的生产要素则被转移到技术水平更高和附加值更高的新兴产业，带动国内产业的优化升级；其次是借助跨国并购或组建战略技术联盟来打破技术壁垒，获取先进技术，从而减少研发投入、缩短研发期限；最后是可以尽量靠近研发投资集聚地或先进技术溢出源投资设厂，通过模仿、竞争等方式及时追踪、获取国外最新技术成果实现本国的技术进步，从而促进产业结构的优化升级。

（三）对我国优化投资结构、促进产业转型的启示

一是要充分发挥政府的宏观调控作用。由市场机制引导的投资结构不能完全保证产业结构的合理化及动态发展的优化，往往也不能及时推动产业结构的变换、升级，为此，政府必须根据具体情况制定科学的产业政策，对投资进行适当的计划分配。同时主要通过税收、金融和财政政策引导增量投资符合产业政策要求，以调整存量投资结构，保证民间投资结构与产业动态发展的方向一致，实现产业结构的升级。日本、韩国推行的政府主导型产业政策，是其投资产业结构顺利升级换代的关键所在，即使像美国那样主张非政府干预的国家，也采取了一系列宏观调控措施促进其投资产业结构的变换。

二是用于战略产业的投资要与产业政策的要求相一致。高新技术产业的发展必须与本国的优势产业结合，将高新技术嫁接到本国的优势产业上，保证有限投资的高效率。新兴产业的定位，是对产业投资的方向性指引，是产业投资发展的基础，而产业投资可以发挥正向反馈促进产业优化发展的作用，形成产业发展与产业投资发展相辅相成的格局。

三是产业投资应注重新兴产业发展并兼顾传统产业升级。由于经济发展阶段和经济结构的差异，不同经济体对于战略新兴产业的界定是有差异的，战略新兴产业也是动态发展的。比如电子、信息、医药生物等对于发展中国家可能是新兴产业，但目前在美国、以色列等已经是较为成熟的主导产业，德国、日本、新加坡等产业投资对高端装备、精密制造、新材料等的行业配置则是注重传统产业的升级，亦是重要的发展方向。

四是法律框架和软件建设是产业投资发展的重大保障。美国、英国、以色列、德国、日本以及新加坡等在产业投资发展上都建立了较为完备的法律制度框架，夯实了产业投资基金发展的制度基础。同时，美国、英国、以色列、新加坡等软件建设更为完备，在知识产权保护、研发促进机制、金融市场发展、专业工商服务、专业人才建设等方面都具有良好的机制。

（课题组成员：林晓东、贺杰、王凯、吴逾峰、陈娇、刘欣）

利率市场化进程中的商业银行利率
定价机制转型问题研究

一、引言

　　2015年10月，我国放开了存款利率上限管制，历经近20年的利率市场化改革基本完成，这在利率市场化进程和整个金融改革的历史上，都具有重要的里程碑意义。但是，利率管制的基本放开并非利率市场化改革的全部，中央银行还应在培育基准利率体系、形成市场化利率形成和传导机制等方面进行大量技术性的准备工作（周小川，2013）。我国利率市场化和货币政策改革将转向以建立、健全与市场相适应的利率形成和调控机制为核心的新阶段。商业银行是金融市场上重要的金融中介，是货币政策传导链条中的关键主体，只有当商业银行能够将市场利率作为产品定价的基础，资金资源才能够得到有效配置，央行利率调控才能够有效传导至金融机构和实体经济。因此，商业银行微观利率定价机制建设直接决定着资金资源的配置效率和货币政策利率传导机制的畅通，是利率市场化改革成败的关键所在。

　　随着利率市场化改革向实质性深层次领域迈进，要求货币政策逐步转向以价格为主的调控模式（周小川，2012）。在价格型调控模式下，央行将在明确基准利率的基础上，通过调整基准利率引导市场基准收益率曲线，进而改变金融机构的行为，并实现价格产出等货币政策最终目标（王宇、李宏瑾，2015）。一条完整的基准收益率曲线是由货币市场基准利率和中长期基准利率共同组成，中央银行通常仅调节市场短端利率，因为根据利率期限结构理论，长短期利率具有长期均衡的协整关系，短期利率调整能够有效引导长期利率水平（金中夏、李宏瑾、李良松，2013）。因此，取消对利率浮动的行政限制后，并不意味着央行不再对利率进行管理，相反中央银行的利率调控和传导将更加重要，会更加倚重市场化的货币政策工具和传导机制。[①]

---

　　① 参见中国人民银行货币政策分析小组：《利率市场化改革迈出关键一步》，载《中国货币政策执行报告》2015年第3期。

利率市场化的实质是市场取代货币当局成为利率定价主体的过程，改革的进度与成败更多地取决于金融机构自身定价体系建设情况（易纲，2009）。因此，从1998年首次扩大银行贷款利率浮动权开始，央行就开始着手培育金融机构自身定价体系，如通过制定贷款利率定价模板，指导各银行和城乡信用社进一步完善贷款利率定价制度和技术等。但是，出于对改革风险的担忧，中国的利率市场化采取了渐进式的改革策略，央行先行放开了银行间同业拆借市场利率、债券市场利率，然后逐步扩大存贷款利率浮动区间，最后基本放开存贷款利率管制。在这一过程中，以银行理财和互联网金融为代表的金融创新和金融脱媒迅猛发展，商业银行普遍建立了内部资金转移定价（FTP）系统和利率定价系统，自主定价能力显著提升，金融市场的发展为渐进式改革提供了重要的基础性条件。但是，从商业银行利率定价的实践来看，除同业业务、票据业务等市场化业务以市场利率为定价基准外，存贷款业务仍以央行存贷款基准利率作为定价基准，市场利率、贷款基准利率（LPR）的参考性有限。

　　理论上，利率市场化后，中央银行应逐步淡化存贷款基准利率的作用并最终完全实现市场化的存贷款利率定价。但是，目前以中央银行短端政策利率为目标并将Shibor或国债收益率等市场基准收益率曲线作为基础的定价模式尚未建立，在市场供求决定的利率形成机制尚未完全建立之前的过渡阶段，中央银行仍将继续发布存贷款基准利率并在银行利率定价中发挥重要的参考性基准作用。商业银行利率定价机制转型和进一步理顺利率传导机制是下一步改革的重要任务，是向新的货币政策框架转型的重要基础（马骏，2015）。当前商业银行利率定价能力如何，当前的定价机制能否满足利率定价机制和中央银行基准政策利率体系改革要求，关系到利率市场化后金融机构的平稳运行、利率传导机制的完善和中央银行价格型货币政策框架转型的成败，具有非常重要的现实意义。

　　为了解商业银行利率定价机制建设的具体情况，本课题针对国内商业银行资产负债业务利率定价方法开展了专题调研。由于存款绝大部分资金来源成本基本确定，定价方式较为一致，因而本文重点考察贷款定价模式。近年来，借鉴西方商业银行的贷款定价方法，国内商业银行对贷款定价机制建设展开了积极探索，相关研究不断涌现。很多学者分别就利率市场化条件下商业银行贷款定价机制建设及存在的问题、货币市场利率对贷款定价的基准性问题进行了相关研究，但将二者结合起来进行讨论的不多。实际上，商业银行微观利率定价机制建设直接决定着货币政策利率传导渠道的畅通，二者均是货币政策框架成功转型的重要基础。因此，下面本文将首先介绍国内商业银行利率定价机制现状，剖析利率定价机制转型面临的问题，然后基于宏观数据对利率传导机制的有效性进行实证研究，并就利率市场化条件下商业银行利率定价机制的完善和货币政策转型提出政策建议。具体安排如下：第二部分介绍国外商业银行贷款定价方法；第三部分详细考察我国商业银行利率定价机制现状；第四部分剖析当前商业银行利率定价机制转型面临的问题；第五部分基于宏观数据对利率传导机制的有效性进行实证研究；第六部分是政策建议。

二、国外商业银行贷款定价方法

在定价技术方面，国外商业银行经过多年的探索与实践，推出了多种贷款定价方法，目前国内应用比较广泛的主要包括以下四种：

（一）成本加成定价法

成本加成定价法是一种传统的定价方法，其核心思想是贷款定价在弥补贷款成本的同时能保证金融机构获得一定的利润。具体定价公式为：

贷款利率 = 资金成本率 + 经营成本率 + 风险溢价 + 目标利润率

采用成本加成定价法需要满足两个基本条件：一是银行能够精确核算资金成本与经营成本，并且能将成本按照业务、客户进行具体分配，明确每笔贷款的具体成本，这要求银行具有精细的成本管理系统和较强的数据处理分析能力；二是银行能够准确衡量贷款的流动性风险、信用风险及其他风险，明确每笔贷款的风险成本，这要求银行具有完善的风险管理系统。

成本加成定价法有利于银行明确贷款成本，财务约束力强，能够确保利润目标的实现。但这种定价方法仅从银行自身的角度出发，忽略了同业竞争、市场利率水平等因素的影响，且未考虑客户在存款业务、中间业务等方面给银行带来的综合收益，因此在市场竞争中可能失去竞争优势。此外，该业务对财务成本、风险成本的核算能力要求较高，需要银行具备比较完备的内部管理系统和较强的数据处理分析能力。因此，成本加成定价方法适用于在市场中处于垄断地位的大型商业银行，或在贷款需求旺盛时期使用，在同业竞争充分、市场信贷需求不足的情况下不宜直接使用。

（二）价格领导定价法

价格领导定价法属于市场导向的定价方法，其核心思想是首先寻找某种市场基准利率，然后根据贷款的风险程度确定风险溢价，最终综合基准利率和风险溢价确定每笔贷款的最终定价。具体定价公式为：

贷款利率 = 基准利率 × (1 + 风险溢价浮动幅度)

或者:

贷款利率 = 基准利率 + 风险溢价点数

采用价格领导定价法需要满足两个基本条件:一是市场上存在可供银行选择的权威的基准利率,这一基准利率是市场形成的能够真实反映资金供求关系的利率指标。对国外商业银行而言,银团贷款、大型企业贷款的定价基准主要是银行间同业拆借利率,包括 Libor(伦敦银行同业拆借利率)、Hibor(香港银行同业拆借利率)、Euribor(欧元区银行同业拆借利率)等;中小企业贷款、零售客户的消费贷款、信用卡透支参照的是最优贷款利率,大部分的最优贷款利率与央行目标利率基本保持同步变动,且二者间存在稳定利差。二是要精确测算各种贷款风险,以明确贷款利率的浮动幅度或风险溢价点数。

价格领导定价法的优势比较明显:首先,该方法操作性强,它省去了银行内部核算资金成本、经营成本的步骤,只需要选择合适的基准利率,并结合风险溢价的测量就能进行贷款定价,定价流程比较简单;其次,该方法以市场一般利率水平为基准,并结合贷款风险溢价确定贷款利率,既考虑了同业竞争的因素,又覆盖了贷款本身的风险,在信贷市场上具有一定的竞争力。但是,该方法也存在不小的缺陷:一是该方法对金融市场的发展程度要求较高,需要形成认可度较高的基准利率体系,要求基准利率能够真实反映市场资金的供求关系;二是该方法只考虑了市场一般利率水平,忽略了银行信贷业务的真实成本,若银行自身的资金成本和经营成本高于基准利率水平,那么银行业务的扩张并不能使银行获得目标利润,甚至会导致亏损;三是该方法与成本加成定价法一样,未考虑客户与银行的关系及客户给银行带来的综合收益,不利于留住优质客户,在客户同质竞争中不占优势。

(三) 客户盈利分析定价法

客户盈利分析定价法属于客户导向的定价方法,其核心思想是贷款定价时需要全面考察客户与银行之间的关系,首先确定一个目标利润,然后再综合考虑银行为客户提供服务的总成本和总收入(贷款利息除外)来确定贷款定价水平。具体定价公式为:

贷款利率 = 目标利润率 + (银行为客户提供服务的总成本 − 银行为客户提供服务除贷款利息以外的收入)/ 贷款额

客户盈利分析定价法体现了银行业"以客户为中心"的经营理念,有助于识别和留住优质客户,帮助银行与优质客户保持长期合作关系,但其对客户关系管理、数据系统、成本计算能力要求高,因此该方法比较适合对少数贡献较大、信誉度高、与银行往来密切的大客户进行贷款定价。

（四）基于 RAROC 的贷款定价方法

RAROC（Risk – Adjusted Return On Capital）是指风险调整后的资本收益率。20 世纪 70 年代，美国信托银行首先提出了 RAROC 风险管理模型，20 世纪 90 年代后半期该模型得到不断完善，现已成为国际先进商业银行经营管理的核心方法之一，在经济资本分配、绩效考核、贷款定价等方面得到广泛应用。

基于 RAROC 的贷款定价法属于风险导向的定价方法，其核心思想是银行在评价盈利情况的同时，必须全面考虑贷款风险成本，即在贷款定价时要体现收益与风险相匹配的原则。该方法将每笔贷款的风险划分为预期损失和非预期损失，预期损失称为风险成本，而非预期损失通过经济资本进行弥补。RAROC 的具体计算公式为：

RAROC = 风险调整后的收益/经济资本
= （净收益 − 预期损失）/经济资本
= （贷款收益 − 资金成本 − 经营成本 − 风险成本）/经济资本

其中：

贷款收益 = 贷款利率 × 贷款额

风险成本 = 违约概率 × 违约损失率 × 违约风险暴露

经济资本 = 资本要求系数 × 违约风险暴露

RAROC 的计算公式中，除贷款利率和贷款额外，包括 RAROC 在内的其他相关参数均由商业银行通过测算得出，贷款利率可以因此确定。

基于 RAROC 的贷款定价法注重体现贷款定价与风险的对应关系，其中违约概率、违约损失率、资本要求系数的测算依托于内部评级系统，对风险程度不同的行业，其客户取值会有所差别，提高了贷款定价的精细化程度，在全面覆盖风险的同时，有利于银行客户结构的优化。此外，该方法注重经济资本对非预期损失的补偿作用，通过风险水平确定所需经济资本的数量，符合巴塞尔协议对资本充足率的要求，有利于国内商业银行与国际接轨，适应中国银行业对外开放的挑战。这种定价的方法的缺陷也非常明显，各种参数的核算必须基于长期的历史信贷数据，商业银行不仅要核算资金成本和经营成本，还要精确计算预期损失和经济资本，对商业银行的成本分摊、风险计量、经济资本分配要求高。因此，这种方法只有少数具备了相应能力的商业银行能够使用，且只适用于风险数据完备的大型对公客户，随着我国银行业对外开放的步伐不断加快，这种贷款定价方法是未来发展的方向。

三、我国商业银行利率定价机制现状： 基于实地调研的分析

（一）贷款定价的主要模式

为获知商业银行利率定价机制的具体情况，本文选取了北京地区 8 家商业银行开展重点调查，其中中资大型银行 2 家，中资中型银行 4 家，中资小型银行 1 家，外资商业银行 1 家，比较全面地覆盖了金融机构类型。如前所述，由于存款绝大部分资金来源成本基本确定，定价方式较为统一，本文重点考察贷款定价模式，并主要针对在商业银行贷款业务中占据主体地位的对公贷款定价模式进行分析。

1. 贷款定价的主要方法

从调研情况来看，国内商业银行贷款定价时主要采用成本加成定价模型，同时全面考虑多种影响因素，综合确定最终的贷款定价。

商业银行贷款定价在实现成本精算、风险量化的同时，还要注意保持产品竞争力和市场占有率，以获得既定的目标利润，定价目标的多重性导致了贷款定价方法的综合性。由于成本加成定价法、价格领导定价法、客户盈利分析定价法、基于 RAROC 的贷款定价方法各有利弊，在现实的对公贷款业务定价过程中，国内商业银行往往将多种方法综合运用。

一般而言，国内商业银行贷款定价时主要采用成本加成定价模型，充分覆盖资金成本、费用成本、风险成本，并考虑一定的预期利润。同时，在有效信贷需求不足、大客户占比较高的外部环境影响下，商业银行往往在成本加成定价模型之外辅以客户综合贡献度定价模型（客户盈利分析定价模型），充分核算客户给银行带来的综合收益，对于贡献度较高的客户在贷款定价时予以一定优惠，以吸引和保留优质客户。定价模型在计算贷款定价的同时，还会测算每笔贷款的 EVA（年经济增加值）、RAROC（风险调整后的资本收益率），考评每笔贷款定价的营业贡献，为一线客户经理的业务谈判提供指引。

2. 中资不同规模银行在贷款定价方法上的差异

从调研情况来看，中资大中型商业银行普遍采用以成本加成法为基础的综合定价模型，而中资小型商业银行往往采用跟随市场的定价策略。

由于以成本加成法为基础的综合定价模型主要从银行自身的角度出发，而且该方法对商业银行的成本收益核算、数据分析处理、系统开发建设等方面的要求

较高，因此比较适用于在市场中具有一定垄断地位且定价能力较强的商业银行。

中资大中型商业银行占有较高的市场份额，在市场中具有一定的垄断地位，是行业定价的领导者。此外，中资大中型商业银行具有较强的定价能力，为模型应用提供了重要保障。从系统建设情况来看，中资大型银行、部分走在前列的中资中型银行都已经建设了比较完备的贷款定价管理系统，能够根据客户情况进行实时定价，第一时间反馈 EVA 及 RAROC 值。从风险成本的计量情况来看，中资大型银行建立了比较完善的内部评级体系，由于样本数量多、数据质量较高，尤其是样本年限跨越几个经济周期，统计的违约概率（PD）、违约损失率（LGD）准确性较高。

中资小型商业银行往往采用跟随市场的定价策略。与大中型商业银行相比，中资小型商业银行市场占有率低、影响力不足。当前中资小型银行面临的主要是生存问题，在绩效考评中仍以贷款规模作为主要指标，贷款定价系统建设推进缓慢，定价能力不强，应用成本加成定价法存在困难。由于与大中型商业银行客户具有同质性，中资小型商业银行往往采用市场跟随策略（价格领导定价法），其挂牌利率参照大中型商业银行，并在保证盈亏平衡的基础上给予一定的利率优惠。

3. 中资银行与外资银行间的差异

从调研情况来看，与中资银行的同质化经营不同，外资银行采用特色经营战略，其独特的客户定位、先进的经营理念，使其能够基于成本加成定价法对客户进行精细定价。

尽管与中资大中型商业银行相比，外资银行在规模上并不占优势，但其贷款业务仍主要采用以成本加成法为基础的综合定价。主要原因在于，外资银行与中资银行的市场定位不同，其主要客户群为跨国公司，而且受母行的辐射影响，有相当一部分客户是母行客户的中国分公司，因此在跨国公司这一细分市场，外资银行具有一定的影响力。而且，外资银行很大程度上承接了母行的贷款定价管理系统、信用风险评级系统，对于客户结构中占比较高的跨国公司类客户，其风险评级可以参照母行的评级结果或市场上的信贷风险评级曲线，因此外资银行的贷款定价能力较强，能够基于成本加成定价法对客户进行精细定价。

（二）定价基准

市场基准利率是指在一国的利率体系中起基础性作用，作为金融市场其他产品定价参照系的利率体系。[①] 从调研情况来看，目前我国商业银行利率定价仍主

---

① 参见中国人民银行货币政策分析小组：《货币市场基准利率》，载《中国货币政策执行报告》2006年第4期。

要以贷款基准利率为定价基准，应用贷款基础利率（LPR）的积极性不高。近年来，随着信贷市场与资金市场之间联动的不断增强，金融市场利率对信贷定价的影响越来越明显。

近年来，利率市场化改革的步伐不断加快，2013 年 7 月，央行取消了贷款利率管制，同年 10 月，央行推出了贷款基础利率（Loan Prime Rate，LPR），这是央行宏观调控由数量型调控向价格型调控转型的试水性措施。但从调研的情况看，在贷款定价过程中，中资银行仍主要以央行贷款基准利率为定价基准并进行适当浮动，应用 LPR 的积极性普遍不高。当前 LPR 仅在中资大型商业银行中得到了相对广泛的推广，但仅限于一年期以内的短期对公固定利率贷款，定价时还需根据基准利率进行倒算，实际上的贷款定价基准仍是央行发布的贷款基准利率。

以成本加成法为基础的综合定价模式和资金来源对存款的依赖，是中资银行将央行贷款基准利率作为定价基准的主要原因。商业银行在实施以成本加成法为基础的综合定价过程中，考虑的主要因素包括资金成本、风险成本、经营费用、客户综合贡献、目标收益等，而资金成本在最终贷款定价中的占比达到 60% ~ 70%，是贷款定价水平的首要影响因素。当前在利率双轨制条件下，信贷市场与资金市场存在一定的分割，中资商业银行贷款资金主要来自储蓄存款、对公存款等一般性存款，同业存款等市场资金占比较低。在此前存款利率管制尚未取消的情况下，存款成本基本被存款基准利率锁定，由于存贷款基准利率之间存在稳定利差且变动具有同步性，商业银行基于锁定利差、规避利率风险的考虑，贷款定价仍主要以央行贷款基准利率为定价基准并进行适当浮动。

信贷市场与资金市场之间的联动不断增强，金融市场利率对信贷定价的影响越来越明显。在利率市场化加速推进的情况下，金融创新和金融脱媒迅猛发展，商业银行同业存款快速增长，而随着同业存单、大额存单的陆续推出和市场利率定价自律机制的建立，商业银行主动负债管理的能力和意识都在不断增强。在这种情况下，商业银行负债结构中市场资金的占比逐渐提高，市场利率对贷款资金成本的影响逐渐加大，资金市场与信贷市场之间的联动不断增强。尤其是存款利率管制基本放开后，存款基准利率已经越来越难以反映借贷资金的真实成本，那么相应地，以央行贷款基准利率作为定价基准的贷款定价方式已经日益不能满足商业银行锁定利差、规避利率风险的要求，而金融市场利率对贷款定价的影响则越来越明显。

（三）产品定价管理手段——内部资金转移定价（FTP）

根据调研情况，国内商业银行普遍建立了内部资金转移定价（FTP）系统，

FTP 收益率曲线在利率定价管理中发挥了重要作用。受资产负债结构和定价习惯的影响，外资商业银行主要根据市场利率构建一条 FTP 收益率曲线，而中资商业银行分别根据市场利率和存贷款基准利率构建两条 FTP 收益率曲线。近年来，由于主动负债在总体负债中的占比持续提高，存贷款 FTP 收益率曲线已经不能适应中资商业银行业务拓展的需要，一些银行正在尝试将两条曲线合并，构建统一的以市场利率为基准的 FTP 收益率曲线。

所谓内部资金转移定价（FTP），是指商业银行内部资金中心与业务经营单位按照一定规则全额有偿转移资金，达到核算业务资金成本或收益等目的的一种内部经营管理模式。对贷款业务而言，资金成本是其主要业务成本，在贷款成本中的占比达到60% ~70%，当前商业银行确定资金成本主要依据 FTP，FTP 收益率曲线的具体形式一定程度上决定了贷款定价的最终表现形式。

商业银行普遍建立了内部资金转移定价（FTP）系统。利率市场化进程催生了商业银行实施精细化管理的需求，内部资金转移定价（FTP）管理应运而生。通过 FTP 管理，商业银行将资金集中到总行，并按照一定的规则在业务单位间进行资金的集中配置，最终实现公平绩效考核、分离利率风险、优化资源配置和指导产品定价诸多目标。由于 FTP 价格体系和定价规则十分复杂，且需要处理大量的基础数据，逐笔计算各项资产负债业务的 FTP 价格，传统手工操作无法完成，商业银行一般通过建设功能强大的 FTP 系统来实现。调研中除一家中资中型银行外，其他银行均建立了 FTP 系统，FTP 系统已经成为商业银行通用的基础管理工具，成为科学合理地进行贷款定价的重要基础。

外资商业银行主要根据市场利率构建一条 FTP 收益率曲线，而中资商业银行一般构建两条 FTP 收益率曲线。制定公允、合理的 FTP 价格，FTP 收益率曲线的科学性至关重要。调研中发现，外资商业银行的 FTP 收益率曲线为单一标准，主要参考 Shibor、短期回购利率、国债收益率等市场利率，并辅以存款准备金率、准备金利率、市场利率掉期水平等指标综合确定。当前已建立 FTP 系统的中资银行，其 FTP 收益率曲线一般有两条：对于人民币非市场化产品，主要指人民币存贷款业务，FTP 收益率曲线主要依据央行存贷款基准利率、本行发展战略、资产负债结构调整需要等拟合构建；对于人民币市场化产品，包括同业业务、票据业务等，FTP 收益率曲线主要依据 Shibor、短期回购利率、国债收益率等市场利率拟合构建。

存贷款 FTP 收益率曲线的具体形式与商业银行资产负债结构密切相关。外资银行的负债结构中，同业存款等市场资金来源占比较高，资金成本与市场利率关系密切，因此存贷款 FTP 收益率曲线主要根据市场利率构建。依据该曲线，商业银行能够真实核算资金成本与收益，有利于银行在贷款业务中获得稳定利差，规避利率风险。对中资银行而言，储蓄存款、对公存款仍是其主要的资金来源，同业存款等市场资金来源占比较低，在此前存款利率管制尚未取消的情况下，存款FTP价格仍主要依据存款基准利率确定。由于贷款资金主要来自存款，当前存贷款基准利率之间仍存在稳定利差，且变化具有同步性，银行贷款所需资金的FTP价格采用央行存贷基准利率点差比例切割方式确定，更有利于其"锁定利差"、规避利率风险、获取稳定收益。

随着中资银行主动负债管理能力和意识的不断增强，依据存贷款基准利率构建的FTP收益率曲线面临挑战。FTP系统建设之初，依据人民币存贷款基准利率构建的存贷款业务FTP收益率曲线较为稳定，易于被各商业银行分支机构理解，给对外报价和绩效考核提供了一个较为稳定的价格基准，推广效果较好。但是，受利率市场化加快推进、互联网金融冲击、同业及大额存单陆续推出、市场利率定价自律机制建立等因素影响，商业银行主动负债管理能力和意识不断增强，主动负债（理财、同业存款、协议存款、同业及大额存单、发行债券等）在总体负债中的占比持续提高，资金成本与市场利率联系日益紧密。受此因素影响，依据存贷款基准利率构建的FTP收益率曲线弊端逐渐显现。由于央行基准利率无法完全反映市场资金供求的均衡关系和借贷资金的真实成本，在市场利率变动频繁时，存贷款基准利率往往不能同步变化，商业银行必须对FTP价格进行口头指导。在利率市场化改革持续推进、市场利率变动日益频繁的今天，这一收益率曲线已经日益不能适应商业银行业务拓展的需要。鉴于以上情况，某中资中型银行正尝试进行二代FTP系统的开发与推广，主要是将人民币市场业务和非市场业务FTP收益率曲线进行合并，尝试构建以Shibor、同业存单、国债收益率等市场利率为基础的存贷款FTP收益率曲线。

四、当前商业银行利率定价机制转型面临的问题

在原来的商业银行贷款定价实践中，是由中央银行明确存贷款基准利率，金融机构据此建立存贷款FTP收益率曲线并进行产品定价。在存贷款利率管制基本放开后，存贷款基准利率取消只是时间问题，今后，商业银行应以短期市场利率为定价基准，通过期限加点的方式构建存贷款FTP收益率曲线，并综合考虑经营成本、风险溢价、期望回报等各种加成利率，最终确定贷款定价水平，使短期市场利率的变化能够有效影响中长期贷款利率，疏通资金市场与信贷市场之间的利率传导渠道。目前，从定价能力角度来看，金融机构的资产方已完全实现市场化

定价，负债方的市场化定价程度也已达到 90% 以上。① 因此，商业银行利率定价机制转型的必要条件已经基本具备，但调研中发现，仍有许多现实问题制约转型的顺利推进。

（一）贷款客户的非市场化导致商业银行难以进行自主定价

货币政策以"价"作为主要调节手段和传导机制，就需要有较为完善的金融市场、利率敏感的微观主体和充分弹性的汇率机制。② 当前，由于预算软约束和行政干预的存在，导致微观主体的利率敏感性不足，商业银行难以进行自主定价。

当前我国商业银行经营具有同质性，国有大中型企业仍是银行的主要业务对象。由于存在预算软约束，国有大中型企业对市场利率不够敏感，借贷意愿较强。但是对大中型企业贷款业务而言，商业银行竞争是充分的，贷款报价相对透明，市场的价格发现功能导致最终贷款定价水平只能在行业平均水平上下一定范围内浮动，模型定价难以实施。此外，我国银行业经营仍然存在一定的行政干预，对于地方政府的大型基建项目，出于政治考虑，商业银行仍会提供长周期、低成本的资金支持。因此，由于预算软约束和政策干预的存在，商业银行的贷款客户是非完全市场化的，在贷款业务中商业银行很难进行自主定价，价格对资金配置的导向性作用难以发挥，影响资金配置效率的提升。

（二）信贷市场主体对既有市场利率作为定价基准的认可度不高

利率定价机制转型过程中，商业银行可以参考的定价基准包括贷款基础利率（LPR）、Shibor 及其他货币市场利率等，但商业银行和贷款客户对这些利率作为定价基准的认可度普遍不高。

一是市场化的基准利率水平不稳定、应用性较差，难以有效发挥定价基准作用。从利率水平的稳定性来看，包括 Shibor 在内的货币市场主要利率波动幅度均较大，尤其是在受准备金调整、央行回购、财政集中收付等因素冲击时，货币市场利率变化更不规则。利率水平的波动使得市场难以形成稳定预期，货币市场利率与贷款利率之间的相关性不稳定，以货币市场利率为基准计算出来的贷款定价变化较大，贷款定价难以执行且存在较大的利率风险。从期限品种来看，LPR 只有一年期一个期限品种，货币市场利率只有一年期及以下期限品种，当前中资银

① 参见中国人民银行网站文章《央行有关负责人就降息降准以及放开存款利率上限答记者问》，http：//www.pbc.gov.cn。
② 参见中国人民银行货币政策分析小组：《利率市场化与货币政策调控框架》，载《中国货币政策执行报告》2014 年第 1 期。

行普遍未建立期限溢价曲线，基于 LPR 和货币市场利率确定中长期贷款利率比较困难。从形成机制来看，LPR 基于报价机制形成，加权平均过程中，由于中资大型银行的权重较高，导致最终价格水平更加倾向于大行报价，中小银行的影响力不足，中小银行对 LPR 的有效性普遍存疑；Shibor 同样基于报价机制形成，受市场实际交易缺乏因素影响，三个月以上期限 Shibor 报价与市场真实交易仍然存在一定的偏差，波动理性仍有提高的空间（李宏瑾，2014）。

二是受交易习惯影响，商业银行和贷款客户主观接受意愿不强。在多年的贷款业务实践中，商业银行已经形成了在贷款基准利率基础上浮动的定价习惯，并发展出一整套的业务流程和谈判方法，这种定价模式已经为分支机构广泛接受，转变起来有一定困难。商业银行主要的贷款客户仍以大中型企业为主，企业自身也根据存贷款基准利率进行财务核算及业绩考核，并与同行业进行比较，思维模式转变难度较大。由于采用 LPR、Shibor 作为定价基准存在诸多困难，且央行并未提出明确要求来保证 LPR 等新的定价基准的执行力，在央行仍发布贷款基准利率的现实情况下，信贷市场主体对应用既有市场利率作为定价基准的积极性普遍不高。

（三）转型必要的利率风险缓释工具相对欠缺

金融的核心功能是资金融通和风险管理。20 世纪 70 年代，随着全球经济一体化的不断加深，金融市场风险不断累积且管理日趋复杂，迫切需要有一个专业的市场来吸收和分散这些风险，以金融衍生品为代表的风险管理金融市场应运而生。经过 40 多年的发展，风险管理金融市场已经成为现代金融体系的重要组成部分，与间接金融市场、直接金融市场"三足鼎立"（姜洋，2015）。

随着我国金融改革的不断深化，风险管理需求日益强烈，但我国的金融衍生品市场还难以满足市场相关主体规避风险的需要。在商业银行利率定价机制转型过程中，与存贷款基准利率相比，短端市场利率波动将更为频繁，贷款定价难度更大，无论是商业银行还是贷款客户，通过金融工具对冲利率风险的需求都更加迫切。然而，我国场外金融衍生品市场发展仍处于初级阶段，金融衍生品交易量少，市场流动性较低，难以满足大额资金利率风险对冲需要。此外，场外金融衍生品市场参与者仅限于商业银行以及证券公司、保险公司等部分金融机构，尚未对实体企业以及个人开放，由于金融机构对市场预期方向基本一致，利率掉期操作往往缺乏交易对手方，无法满足风险管理需求。

（四）定价能力相对薄弱的中小型商业银行将受到较大冲击

当前，国内商业银行贷款定价能力差别较大。从系统建设情况来看，外资银行、中资大型银行和走在前列的中型银行都建立了比较完备的贷款定价、内部资金转移定价、信用风险评级等相关系统，能够满足精细定价的需要；还有一些中资中型银行尚未建立相关系统，主要借助速算表为贷款定价提供参考；中资小型银行面临的主要是生存问题，对贷款定价主要实行下限管理和市场跟随策略，贷款定价系统建设推进缓慢。从信用风险管理水平来看，外资商业银行主要采用母行的风险评级体系，对于客户结构中占比较高的跨国公司类客户，该银行主要参照母行的评级结果或市场上的信贷风险评级曲线；中资大型银行普遍建立了比较完善的内部评级体系，由于样本数量多、数据质量较高，尤其是样本年限跨越几个经济周期，统计的违约概率（PD）、违约损失率（LGD）准确性较高；其他银行也建立了自己的内部评级系统，但由于信贷数据的积累不足，样本数量不够，信贷数据尚未经历完整的经济周期，各行的评级标准不一，同一企业评级结果差距较大，因此测算出的 PD、LGD 能否准确反映信用风险尚待时间的检验。

利率定价机制转型过程中，定价能力较强的大型商业银行适应性较强，而定价能力相对薄弱的中小型商业银行将受到较大冲击，不利于金融市场的稳定。首先，对短期浮动利率加点的定价方式的不适应、未建立期限溢价曲线是商业银行对新的定价基准主观接受意愿不强的重要原因。但从客观实际来看，在存贷款利率逐渐放开的情况下，市场利率水平和商业银行资金成本变化较大，一些银行已经形成了按季、按月调整贷款指导价格和 FTP 价格的业务模式，定价基准转变后调整频率将进一步提高，而且贷款基准利率期限合并之后，对于多种期限的贷款定价，商业银行采用的按期限比例分割加点法事实上已经蕴含了期限溢价的思想。因此，对于系统建设比较完备的大型商业银行而言，定价基准的转变对银行而言并不存在技术障碍，难点仅在于总行及分支机构思维模式的转变，而部分定价系统尚未完全建立起来的中小型商业银行可能难以实现高频率、实时的价格调整。其次，定价基准转变的同时还将赋予商业银行更大的定价自主权，商业银行可以通过精细定价进行客户筛选，达到优化客户结构、提高资金配置效率的目的。对于系统建设比较完备、风险管理水平较高的大型商业而言，对客户进行精细定价、差别定价比较容易，而定价能力相对薄弱的中小型商业银行实施起来可能存在困难，定价的准确性也值得商榷，在市场竞争中将处于不利地位。

（五）市场竞争秩序仍需进一步规范

调研中，商业银行普遍担忧改革的金融风险，认为在存贷款基准利率取消并以短端市场利率作为金融产品定价基准的改革之初，由于缺乏统一的参照系，在市场价格发现的过程中，在商业银行间，尤其是生存压力较大的中小型商业银行间，为争夺客户可能出现恶性竞争。在金融改革深化的过程中，我们仍要牢牢守住不发生系统性区域性金融风险的底线，为此，央行陆续推出了市场利率定价自律机制、存款保险制度，以规范市场竞争秩序、防范金融风险。但从市场利率定价自律机制当前的运行情况来看，由于不存在强制性的规定和有力的奖惩措施，随着存款利率上限的完全放开，在商业银行存款业务开展过程中，自律公约能否持续发挥约束性作用仍存在不确定性，若发生违反自律公约而惩罚措施效果不显著的情况，将会引起其他商业银行的注意和不满，不利于市场的公平竞争和改革的平稳推进。

（六）转型涉及的现实操作问题要有效解决

多年以来，央行发布的存贷款基准利率在商业银行业务经营中具有权威性，在许多法律条文中都有所体现，此前的贷款合同基本都是依据基准利率签订。若存贷款基准利率取消，采用新的定价基准，一系列法律条文都要进行修改，此前的贷款合同也都要重新签订，工作量很大。而且该项工作会涉及相当多的政府部门和金融机构，部门协调难度较高。因此，需要更高级别的职权部门提前谋划布局，各政府部门和金融机构团结协作，研讨制定统一且详细的解决方案和执行标准，有效解决利率定价机制转型涉及的现实操作问题。

五、利率传导机制有效性的实证研究：
基于宏观数据的分析

从调研情况来看，尽管我国商业银行利率定价仍主要以贷款基准利率为定价基准，但近年来信贷市场与资金市场之间的联动不断增强，市场利率对贷款资金成本的影响逐渐加大。调研中商业银行普遍反映，随着利率市场化改革的不断推进，货币市场利率与贷款定价水平的长期相关性不断增强，短端货币市场利率向中长期贷款利率的传导渠道日益畅通，这将为货币政策框架转型提供重要的基础性条件。由于微观数据欠缺，本部分将基于宏观数据，通过协整检验、格兰杰因果检验、脉冲响应函数和方差分解等计量分析方法，就货币市场利率能否有效影响中长期贷款利率进行实证检验，对我国利率传导机制的有效性进行评估，为商业银行利率定价机制转型及下一步的货币政策改革提供参考。

（一）数据选取及平稳性检验

目前，国内大部分研究认为 Shibor 和银行间市场回购利率在整个利率体系中的影响最大。国际经验表明，中央银行通常仅调节货币市场短端利率，因为根据利率期限结构理论，长短期利率具有长期均衡的协整关系，短期利率调整能够有效引导长期利率水平（金中夏、李宏瑾、李良松，2013）。但是由于三个月期以内的 Shibor 和银行间市场质押式回购利率是平稳变量，不符合协整分析的条件，因此本文选择三个月期 Shibor 和三个月期银行间市场质押式回购利率作为货币市场利率的代表性指标。同时，选择人民银行公布的金融机构人民币贷款加权平均利率作为贷款利率水平的代表性指标，该初始数据为季度数据，本文通过线性插值法将其变换为月度数据进行分析。以上数据全部来自 CEIC，变量及符号如表 1 所示。

表 1　变量及符号

类别	选取的指标	符号
货币市场利率	三个月期 Shibor	SHIBORM3
	三个月期银行间市场质押式回购利率	REPOM3
贷款利率水平	金融机构人民币贷款加权平均利率	LOAN0

大多数经济时间序列变量都是非平稳的，非平稳序列直接进行回归分析可能造成"伪回归"，本文首先采用 ADF 检验识别序列的平稳性。表 2 显示，各变量在 5% 的显著性水平下都是非平稳的，其一阶差分项在 1% 的显著性水平下都是平稳的，说明各变量都是一阶单整时间序列，可以进一步进行协整分析。

表 2　平稳性检验

变量	检验类型		检验类型		结论
	零阶 含截距，不含趋势项	P 值	一阶差分 不含截距和趋势项	P 值	
SHIBORM3	(C, 0, 0)	0.4758	(0, 1, 0)	0.0000	I (1)
REPOM3	(C, 0, 0)	0.2002	(0, 1, 0)	0.0000	I (1)
LOAN0	(C, 0, 0)	0.0685	(0, 1, 0)	0.0002	I (1)

（二）协整检验——长期关系的考察

如果两个非平稳时间序列变量的线性组合是平稳的，则说明这两个变量之间存在长期稳定的均衡关系。本文采用 Johansen 协整检验来分别检验金融机构人民币贷款加权平均利率与 Shibor、金融机构人民币贷款加权平均利率与银行间市场质押式回购利率之间的协整关系。表 3 显示，SHIBORM3 与 LOAN0、REPOM3 与

LOANO 之间均至少存在两个协整关系，说明货币市场利率与贷款定价水平之间存在长期稳定的均衡关系。相应的协整方程分别为：

LOANO $= 4.3256 + 0.5717$ SHIBORM3

$R^2 = 0.8481$　F 统计量 $= 446.7394$　P 值 $= 0.0000$

LOANO $= 4.5107 + 0.5139$ REPOM3

$R^2 = 0.7666$　F 统计量 $= 262.8307$　P 值 $= 0.0000$

从估计的协整方程来看，SHIBORM3 与 REPOM3 的系数都是显著的，两个方程的 R^2 分别达到了 0.8481 和 0.7666，方程拟合效果不错，F 检验结果表明两个方程都是显著的。SHIBORM3 和 REPOM3 的回归系数分别达到了 0.5717 和 0.5139，水平基本相当，系数值均超过了 0.5，说明货币市场利率对贷款定价水平在长期具有较大的影响力。

表3　Johansen 协整检验结果

变量	原假设：协整向量个数	特征值	迹统计量	5%临界值	P 值
SHIBORM3	None *	0.145700	19.73726	15.49471	0.0108
LOANO	At most 1 *	0.088229	7.296927	3.841466	0.0069
REPOM3	None *	0.166185	21.26647	15.49471	0.0060
LOANO	At most 1 *	0.083738	6.908742	3.841466	0.0086

（三）格兰杰因果检验

本文建立了向量自回归模型，滞后阶数为 1，在此基础上对两对变量做格兰杰因果检验。表4 显示，在 10% 的显著性水平下，SHIBORM3 是 LOANO 的格兰杰原因，LOANO 不是 SHIBORM3 的格兰杰原因，REPOM3 与 LOANO 互为因果关系。检验结果表明，货币市场利率是贷款利率的格兰杰原因。

表4　格兰杰因果检验结果

原假设	F 统计量	P 值	结论
SHIBORM3 does not Granger Cause LOANO	15.4767	0.0002	拒绝原假设
LOANO does not Granger Cause SHIBORM3	1.2098	0.2748	接受原假设
REPOM3 does not Granger Cause LOANO	3.5226	0.0643	拒绝原假设
LOANO does not Granger Cause REPOM3	8.5572	0.0045	拒绝原假设

从货币市场的实际运行情况来看，银行间市场债券回购是银行间市场最大的

交易品种，交易主体广泛，质押式回购利率是货币市场的主要利率之一。而自2007年以来 Shibor 报价行参与了80%左右的货币市场交易，Shibor 也具有较强的市场代表性[①]。尽管当前存款仍是商业银行的主要负债品种，但随着利率市场化的不断加速，以及金融创新及金融脱媒的迅猛发展，商业银行负债结构正日趋多元化，主动负债（理财、同业存款、协议存款、发行债券）在总体负债中的占比持续提高，货币市场利率对商业银行负债总成本的影响力不断加大。在商业银行内部资金转移定价系统日趋完善的情况下，货币市场利率与商业银行贷款资金成本乃至贷款定价水平的相关性不断增强。从协整分析和格兰杰因果检验的结果来看，货币市场利率对贷款利率水平存在长期而稳定的影响。

（四）脉冲响应函数及方差分解——短期冲击及动态影响分析

协整分析和格兰杰因果检验仅验证了变量间具有长期均衡的因果关系，并未体现影响的具体过程，本文将借助脉冲响应函数及方差分解进行详细描述。图1显示，对于来自 SHIBORM3 的一个正的信息冲击，贷款利率从当月就开始上行，此后冲击效应不断加大，在第5期之后冲击效应趋于稳定，对于来自 REPOM3 的一个正的信息冲击，贷款利率的反应基本一致。这说明货币市场利率的变化对贷款利率的冲击在近期内持续增强，但达到一定水平后将在长期趋于稳定。

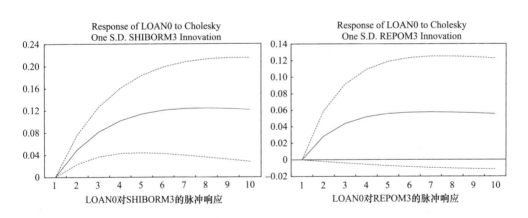

图1　贷款利率对货币市场利率的脉冲响应

对贷款利率预测误差进行方差分解得到的结论与脉冲响应函数类似。表5显示：贷款利率对预测误差的影响随着时间的推移逐渐降低，到第10期，对预测

---

① 参见中国人民银行货币政策分析小组《中国货币政策执行报告》各期及历年 Shibor 工作会议资料，http://www.pbc.gov.cn。

误差的贡献度基本稳定，其中 LOAN0、SHIBORM3 序列稳定在 65% 左右，LOAN0、REPOM3 序列稳定在 90% 左右；市场利率对预测误差的作用随着时间的推移而逐渐增强，最后基本稳定，其中 LOAN0、SHIBORM3 序列稳定在 35% 左右，LOAN0、REPOM3 序列稳定在 10% 左右。

表5　对贷款利率预测误差的方差分解

Period	Cholesky Ordering：LOAN0、SHIBORM3			Cholesky Ordering：LOAN0、REPOM3		
	S. E.	LOAN0	SHIBORM3	S. E.	LOAN0	REPOM3
1	0.154019	100.0000	0.000000	0.164925	100.0000	0.000000
2	0.224188	95.08354	4.916459	0.233592	98.52858	1.471417
3	0.284111	88.66956	11.33044	0.286654	96.69750	3.302502
4	0.337898	82.92012	17.07988	0.331016	95.07661	4.923389
5	0.386396	78.26410	21.73590	0.369306	93.76791	6.232091
6	0.430041	74.60403	25.39597	0.402959	92.73961	7.260391
7	0.469263	71.73868	28.26132	0.432913	91.93394	8.066062
8	0.504507	69.48206	30.51794	0.459836	91.29793	8.702065
9	0.536215	67.68704	32.31296	0.484224	90.78983	9.210168
10	0.564793	66.24290	33.75710	0.506458	90.37837	9.621628

脉冲响应函数和方差分解的结果表明，对于货币市场利率的变化，贷款利率受到的冲击将在近期内稳步增加，但达到一定的水平后将趋于稳定。这说明，与协整分析和格兰杰因果检验的结果相一致，货币市场利率对贷款利率存在长期稳定的影响。但在短期内，由于金融市场发育不够健全、存款准备金率及信贷规模等数量型管控依旧严格、信贷资金需求主体利率敏感性不足等影响因素，中资商业银行资金成本核算及贷款定价仍以盯住存贷款基准利率为主，导致货币市场向信贷市场的利率传导存在障碍，表现为传导的时滞和影响力的衰减。

六、结论与政策建议

取消对利率浮动的行政限制后，并不意味着央行不再对利率进行管理，相反中央银行的利率调控和传导将更加重要，会更加倚重市场化的货币政策工具和传导机制。因此，商业银行利率定价机制转型和进一步理顺利率传导机制是下一步改革的重要任务，这两个领域的实质性进展是向新的货币政策框架转型的重要基础。

然而，改革措施的推进有赖于市场条件的成熟，商业银行微观利率定价机制建设直接决定着货币政策利率传导渠道的畅通，是新阶段利率市场化改革顺利推进的重要条件。实证研究结果显示，货币市场利率（Shibor 和银行间市场质押式回购利率）对金融机构贷款利率水平存在长期而稳定的影响。调研中商业银行也普遍反映，随着利率市场化改革的不断推进，货币市场利率与贷款定价水平的长期相关性不断增强。这说明金融机构产品定价对货币市场利率变化的适应性不断增强，贷款定价能力已经显著提升，短端货币市场利率向中长期贷款利率的传导渠道相对畅通，有利于中央银行向以短期市场利率为操作目标的价格型货币调控模式转型，为利率市场化改革的顺利推进奠定了重要基础。

但实证研究的结果还显示，短期内货币市场向信贷市场的利率传导存在阻碍，在商业银行定价实践中二者短期内的变动也并不同步。导致这一现象既有金融机构自身的因素，也有市场制度建设方面的问题。当前，中资商业银行基本构建了以成本加成法为基础的综合定价模型，普遍建立了内部资金转移定价（FTP）系统，但其贷款定价仍主要以贷款基准利率为定价基准，存贷款 FTP 收益率曲线也主要盯住存贷款基准利率。随着利率市场化改革不断向纵深推进，商业银行主动负债管理能力和意识不断增强，负债结构中市场资金的占比逐渐提高，基于存贷款基准利率构建起来的利率定价机制不断受到市场利率的冲击，尽管商业银行会对模型定价结果、FTP 价格进行适当调整，但人为调整的频率和力度并不能完全反映市场的真实变动。

随着利率管制的不断放开，中资商业银行利率定价机制转型的需求也日益迫切。从定价能力角度来看，转型的必要条件已经基本具备，但仍有许多现实问题制约转型的顺利推进，主要表现在：由于国有大中型企业预算软约束以及行政干预的存在，商业银行很难进行自主定价，资金配置效率难以提升；由于货币市场利率波动性较大、LPR 及货币市场利率期限品种不全、市场主体对既有市场利率的真实性存疑以及定价习惯等因素影响，商业银行和贷款客户对既有市场利率作为定价基准的认可度不高；由于金融衍生品市场发展相对滞后，转型必要的利率风险缓释工具相对欠缺；由于中小型商业银行定价能力相对薄弱，在利率定价机制转型过程中将受到较大冲击，不利于金融市场的稳定；由于改革过程中相关制度尚未完全建立起来，在定价基准转变的过程中可能出现恶性竞争，市场竞争秩序仍需进一步规范，另外，还有一系列法律和合同等现实操作问题需要有效解决。

为促进金融机构利率定价机制成功转型，进一步提高定价能力，疏通货币政策利率传导渠道，推动央行货币调控向价格型调控模式顺利转变，保证利率市场化改革目标的最终实现，针对以上问题，本文提出以下建议：

（1）进一步深化经济体制改革，破除预算软约束和行政干预。由于国有大中型企业预算软约束及行政干预的存在，商业银行很难进行自主定价，资金配置效率难以提升。建议通过资产证券化逐步降低国有企业的国有持股比例，最终实现持股主体由政府向非政府机构和个人的转变，并推动其建立现代企业制度，逐渐剥离其承担的政府职能，实现经营行为的彻底市场化，破除企业的预算软约束问题。同时，注意重塑政府和银行的关系，一方面加快政府职能转变，健全政府性债务融资渠道，增强其公共服务保障能力；另一方面要坚持中央金融管理部门对金融业的统一管理，规范地方政府对金融机构出资人的职责和风险处置责任，避免政府对金融机构正常经营活动的行政干预。

（2）明确货币政策操作目标利率，不断完善流动性管理引导市场利率处于合理区间，加强宏观调控的计划性以稳定市场预期。存贷款利率管制取消之后，新的贷款定价基准并未明确，在过渡期内央行公布的贷款基准利率仍可发挥一定的基准作用。但在双轨制运行的条件下，尽管信贷市场可以参考的定价基准包括贷款基础利率（LPR）、Shibor、国债收益率曲线等，但商业银行调整贷款定价基准的主观能动性较差，央行贷款基准利率对贷款定价的基准性作用难以撼动。因此，应尽快从现行的市场利率中选定央行货币政策操作目标利率，并通过正式的法律条文予以明确，为商业银行利率定价和 FTP 系统提供权威的定价基准，并制定明确的改革时间表，针对定价基准转换涉及的法律、合同修改等现实操作问题，研讨制定统一且详细的解决方案和执行标准，有序推动商业银行利率定价机制转型。同时，应积极构建和完善央行政策利率体系，加强运用短期回购利率和常备借贷便利（SLF）利率等价格型调控手段，通过利率走廊限定操作目标利率的下限和上限，培育和引导短期市场利率的形成，稳定短端市场利率水平，减少市场利率波动。针对政策性冲击导致市场利率大幅波动的情形，建议未来注意加强宏观调控的计划性，有序安排准备金调整、央行回购等货币政策操作的时间表，引导市场形成合理预期，降低商业银行利率定价的利率风险和价格谈判的难度。

（3）逐步稳定新的目标利率与存贷款基准利率的利差关系，为利率定价机制转型创造有利条件。历史上，每一项新的定价基准利率的推出，市场都会有一个接受过程。2007 年 Shibor 正式推出之后，债券发行方仍习惯通过与投资人沟通和参考市场水平来确定最终价格，发行方一般会通过先确定固定利率、再减去Shibor 倒推利差的方式来完成定价。而 LPR 推出后，商业银行仍习惯于在央行贷款基准利率基础上加减点的定价方式，由于 LPR 与一年期贷款基准利率存在稳定利差，商业银行会首先与贷款客户商定基于贷款基准利率的贷款定价，再根据

LPR 与一年期贷款基准利率的利差进行倒算，最终形成基于 LPR 的贷款定价。参考以上实践经验，新的货币政策操作目标利率明确以后，央行应通过完善的流动性管理，逐步稳定新的目标利率与存贷款基准利率的利差关系，尊重商业银行的定价习惯，通过与存贷款基准利率挂钩的方式，引导商业银行在贷款合同中应用新的定价基准，给市场充分的缓冲期，为利率定价机制转型创造有利条件。

（4）充分发挥大型银行的示范引领作用，带动中小型银行顺利完成利率定价机制转型。面对货币调控模式转型和定价基准的转变，定价能力较强的大型商业银行适应起来问题不大，难点仅在于思维模式的转换，而定价能力相对薄弱的中小型商业银行将受到较大冲击，不利于金融市场的稳定。因此，在货币调控模式转型的酝酿期和市场基准利率的培育期，应继续督促引导银行业金融机构尤其是大型银行进一步练好"内功"，加快思维模式的转换和相关系统的建设，不断增强自主定价能力和风险管理水平，更好地适应利率市场化环境，尽快完成利率定价机制转型。同时，在改革的过程中应充分发挥大型银行的示范引领作用，在过渡期其定价水平可为市场提供一个参考基准，定价能力相对较弱的中小银行可以采用市场跟随策略，以大行为标杆，结合自身资质和业务情况适当加减点，为自身系统建设、风险管理水平的提升争取时间，保障自身利率定价机制转型的稳步推进，保证市场利率水平的相对合理和总体稳定，为改革创造相对平稳的市场环境。

（5）强化行业自律和风险防范，营造公平有序的竞争环境。在新旧定价基准转换的过程中，由于缺乏统一的参照系，商业银行间为争夺客户可能出现恶性竞争，不利于改革的平稳推进。在这一过程中，央行应继续加强指导市场利率定价自律机制，按照激励与约束并举的原则，优先赋予利率定价较好的金融机构更多产品创新、市场准入等资格，并对高息揽储、争夺客户、扰乱市场秩序的金融机构予以自律约束，加大惩罚力度。同时，应进一步完善宏观审慎管理。将金融机构存贷款利率定价行为纳入宏观审慎管理，并通过制度明确下来，研究通过运用差别存款准备金率、再贷款、再贴现以及差别化存款保险费率等工具，引导金融机构科学合理定价。

（6）从商业银行和金融市场建设两方面入手，健全利率风险防范机制。存贷款基准利率取消、央行货币调控模式转型、商业银行利率定价机制转变的过程中，市场利率波动可能加剧，流动性风险和信用风险因此上升。这一过程中，需要商业银行转变观念，把利率风险管理作为资产负债的核心问题来抓，不断完善 FTP 系统密切监测资金成本变化，建立内部风险监控体系和利率风险衡量系统，进一步加强对计息资产负债的敏感性分析。利率市场化过程中，商业银行的定价自主权不断增强，客户选择银行的主动性也增强，依赖大中型企业客户的同质化经营模式已经不能适应形势变化和银行自身发展的需要。银行应有意识地进行客户结构调整，注意加大金融产品创新力度，丰富中间业务类型，贴近客户提供差异化服务，积极进行市场细分研究，探索多样化经营，分散存贷业务利率风险。同时，积极推动金融衍生品市场发展，加强市场利率相关金融衍生工具的开发力度，丰富市场交易品种，同时注意吸纳企业、金融机构参与交易，并做好相关的制度准备，引导企业和金融机构通过金融衍生品市场对冲利率风险。

（课题组成员：李宏瑾、孙丹、陶娅娜、苏乃芳、卢静、张英男、赵晓英、李媛、梁珊珊、肖义欢）

参考文献

［1］曹国强. 商业银行资金转移定价实务［M］. 北京：中信出版社，2012.

［2］陈忠. 国外商业银行贷款定价方法的比较与借鉴［J］. 南京审计学院学报，2007（4）.

［3］陈琰，许非. 利率市场化下商业银行贷款定价管理：问题与对策［J］. 南方金融，2011（4）.

［4］邓莺. 利率市场化趋势下商业银行贷款定价方式思考［J］. 金融与经济，2013（5）.

［5］金中夏，李宏瑾，李良松. 价格型货币调控模式下中央银行操作目标利率如何选择？［J］. 金融市场研究，2013（3）.

［6］姜洋. 金融衍生品市场是全面深化金改支点［N］. 第一财经日报，2015 - 04 - 23.

［7］李宏瑾. 利率市场化对商业银行的挑战及应对［J］. 国际金融研究，2015（2）.

［8］李志杰. 我国金融衍生品市场现状及发展战略研究［J］. 华北金融，2014（2）.

［9］刘珺. 贷款利率定价的现状、挑战及对策［J］. 中国金融，2013（22）.

［10］马骏. 放开存款利率上限是利率市场化重要里程碑［EB/OL］. http://finance.china.com.cn//news/special/20155jx/20151023/3398894.shtml，2015 - 10 - 23.

［11］潘功胜. 政府和银行：寻找合理的行为边界［J］. 中国金融家，2014（4）.

［12］孙晶. Shibor 对我国银行主要金融产品定价的基准性分析［J］. 上海金融学院学报，2014（5）.

［13］王宇，李宏瑾. 利率市场化条件下的中央银行基准利率——兼论价格型货币调控机制［J］. 金融评论，2015（2）.

［14］王颖千，王青，刘薪屹. 利率市场化趋势下商业银行贷款定价的思考［J］. 新金融，2010（2）.

［15］项卫星，李宏瑾. 货币市场基准利率的性质及对 Shibor 的实证研究［J］. 经济评论，2014（1）.

［16］徐朝阳. 作为政策工具的国有企业与国企改革：基于预算软约束的视角［J］. 中国软科学，2014（3）.

［17］易纲. 中国改革开放三十年的利率市场化进程［J］. 金融研究，2009（1）.

［18］张烽. Shibor 对不同规模银行贷款利率的影响研究——以河南省为例［J］. 金融理论与

实践，2014（11）．

［19］张金林，付林，梁振雨．商业银行产品定价理论综述［J］．中南财经政法大学学报，2006（3）．

［20］张明恒，沈宏斌．小型商业银行贷款利率定价的多因素模型实证研究［J］．上海经济研究，2009（4）．

［21］周小川．全面深化金融业改革开放 加快完善金融市场体系［N］．人民日报，2013 - 11 - 28.

新常态下商业银行资本、信贷
行为与经济周期关系

——来自中国银行业的经验证据

一、引言

中国 GDP 增速从 2012 年起开始回落，中国经济呈现出新常态，从高速增长转为中高速增长，经济结构优化升级，从要素驱动、投资驱动转向创新驱动。我国的金融体系是名副其实的"银行主导型"，商业银行在我国金融体系和宏观经济中扮演着重要角色，基于这一现实，我国一直对银行业实施着较为严格的监管和控制。充分认识新常态下银行业发展的特点和规律，在宏观审慎管理框架下对商业银行经营发展重新定位，发挥其在新的经济周期中的重要作用是当前和今后一个时期的核心工作。

巴塞尔资本协议为世界各国金融监管部门提供了"资本监管"的监管模式。资本监管将银行资本与资产风险度紧密结合，对商业银行的经营行为影响很大（G. Choi，2000；Barajas 等，2005；Osborne，2009）。资本监管在提高银行风险管理能力的同时，也导致了商业银行的亲周期行为（Pederzoli 和 Torricelli，2005；Repulo，2009；Repullo 和 Suarez，2010），资本监管存在的问题在本次金融危机中暴露无遗。为此，巴塞尔委员会进行重大改革，推出了强调宏观审慎监管的巴塞尔Ⅲ，"逆周期资本缓冲"机制作为措施之一在其中被明确提出。包括中国在内的监管部门希望通过该机制引导商业银行资本行为，增强商业银行经营的稳健性，缓解商业银行的亲周期行为对我国经济新常态的不利影响。

信贷市场是中国企业资金来源的主渠道，信贷市场对于宏观经济健康稳定发展的重要性不言而喻，商业银行经营与经济周期关系主要体现为商业银行的信贷行为与经济周期的关系。Ktyotaki 和 Moore（1997）、Gilchrist（1999）对银行信贷投放的顺周期性进行了关注和研究。Stolz 和 Wedow（2011）、Tabak 等（2011）基于不同国家商业银行信贷行为进行实证研究为商业银行信贷行为的顺周期性特征提供了客观的经验证据。国内对于中国商业银行信贷投放的周期性特征进行了大量研究。徐明东、陈学彬（2012）认为中国银行业确实存在亲周期的信贷投放行为；陈昆亭等（2011）研究发现，在 1991～2010 年，中国银行业的信贷投放存在阶段性顺周期和阶段性逆周期现象，特别是在后金融危机，信贷与产出出现了明显的阶段性背离；黄宪、熊启跃（2013）和潘敏、张依茹（2013）实证研究发现与国外大多数国家商业银行的信贷行为不同，我国商业银行的信贷行为具有显著的逆周期特征。

本文的研究目标是在商业银行的资本、信贷行为分析的基础上，探讨金融宏观调控与资本监管对商业银行资本行为、信贷行为和存贷款溢价的影响，进而探讨其与经济周期波动的关系，从中把握新常态下商业银行的经营特征。研究结果表明，样本期间我国银行资本缓冲行为与宏观经济波动整体呈现正相关关系，新常态下正相关性显著加强；我国银行信贷行为与经济周期整体表现为负相关关系，新常态下相关性不显著；我国银行贷款利率溢价与经济周期整体表现为正相关关系，新常态下正相关性仍显著。存款利率溢价与经济周期整体表现为负相关关系，但新常态下表现为正相关性。

本文基于相关研究，试图在两方面有所贡献：①新常态是对当前经济发展的重要判断，是经济发展的一种趋势，也具有鲜明的阶段特征。本文在研究商业银行经营与经济周期的关系时，将样本区间扩展至金融危机前后经济发展的两个阶段，关注新常态下商业银行的经营行为，为新常态下监管部门资本监管和货币政策调控提供依据。②从商业银行资本缓冲，信贷投放以及存、贷款溢价三方面行为检验其与经济周期波动关系，并分析我国逆周期资本监管和货币政策调控对商业银行的影响和产生的效应。

二、文献梳理与研究假设

（一）银行资本缓冲行为与经济周期

资本缓冲（Capital Buffer）是银行实际资本充足率高于法定监管要求的部分。Bolton 和 Freixas（2006）、Markovic（2006）、Meh 和 Moran（2010）等认为银行的资本缓冲行为可以解决银行与存款人之间的信息不对称问题。银行是负债经营，高杠杆率是其典型的经营特征，经营面临的各种风险较大。对于存款人而言，雄厚的资本是银行稳健经营的重要支撑。当银行持有的自有资本越多，存款人会认为银行抵御风险能力越强，存款遭受损失的风险越低。银行持有一定的资本缓冲不仅可以向存款人传达经营稳健的信号吸引到储户，而且还可以降低存款风险溢价，降低负债成本；Milne（2004）、Dietsch 和 Vandaele（2011）、张宗新和徐冰玉（2011）认为银行持有资本缓冲是出于监管动机和风险偏好。银行在经营过程中难免会产生不良资产，甚至形成呆坏账损失，银行持有资本缓冲可以防止在宏观经济下行周期发生资产损失，导致其实际资本充足率难以达到法定资本的监管要求，避免因此而付出高昂成本。受此动机影响，银行往往随宏观经济周期波动而表现出特定的资本缓冲行为，预防监管动机的强弱决定了银行持有资本缓冲的多少。Estrella（2004）研究发现银行预防动机也受风险偏好的影响，低风险偏好的银行为了规避资本充足率监管要求可能产生的风险往往持有更多的资本缓冲。

Lindquist（2004）、Kim 和 Lee（2006）、Jokipii 和 Milne（2008）、Atici 和 Gursoy（2011）、Suaza 等（2011）基于不同国家的数据研究发现西方国家银行在商业利益动机的支配下，在经济上行周期其预防动机减弱，资本缓冲减少；相反资本缓冲增加，资本缓冲与经济周期波动表现为负相关关系。从我国情况来看，资本缓冲与经济周期波动的关系可能并非如此。张宗新和徐冰玉（2011）、黄宪和熊启跃（2012）基于中国数据研究发现资本缓冲与经济周期呈现正相关关系，但时间跨度没有涵盖经济进入新常态时期。我国银行资本缓冲行为不同于西方国家银行的原因有两方面：一是巴塞尔Ⅲ将"逆周期资本缓冲"作为强制性要求，客观上赋予了资本监管逆周期调节的功能。银监会于 2012 年 6 月宣布新《商业银行资本管理办法》于 2013 年 1 月 1 日正式实施，规定商业银行应保留 2.5% 的储备资本，当信贷过度增长时，另再提取 0 ~ 2.5% 的逆周期资本缓冲。二是我国商业银行的股权结构中国有股比例较高，无形中承担了"熨平"经济周期波动的经济金融稳定责任，弱化了其以利润为导向的经营特征。随着我国进入新常态，经济增速放缓，我国银行在逆周期的资本监管和宏观调控下，资本缓冲会随之下降。基于以上分析提出第一个假设：

假设Ⅰ：我国商业银行资本缓冲与经济周期存在正相关性，表现出逆周期性特征。

（二）银行信贷行为与经济周期

国外基于不同国家商业银行信贷行为与经济周期波动的关系进行实证研究为商业银行信贷投放具有顺周期性提供了经验证据（Stolz 和 Wedow，2011；Tabak、Noronha 和 Cajueiro，2011）。Bernanke 等（1999）、Stolz 和 Wedow（2011）研究认为商业银行的逐利性、金融市场的信息不对称、风险度量模型、金融加速器效应以及会计准则的公允价值计量属性等是导致商业银行信贷行为表现出顺周期特征的主要原因。但是，黄宪、熊启跃（2013）和潘敏、张依茹（2013）基于中国银行业的实证研究发现商业银行的信贷行为表现出显著的逆周期特征，认为我国银行信贷行为呈现出不同于其他市场经济国家的逆周期特征，资本缓冲与经济周期的正相关关系强化了银行信贷增速的逆周期特征。

根据理论研究，中国商业银行在经历了股份制改革后，在激烈的市场竞争中，其信贷行为也应呈现出顺周期特征。如果不存在逆周期资本监管和宏观调控，这种情况会正常发生。随着我国经济进入新常态，尤其是在经历了金融危机的影响后，受多种复杂因素影响银行信贷行为总体应表现为逆周期特征：一是逆周期调控的理念逐渐被认同，并应用于金融宏观调控中。巴塞尔Ⅲ明确提出逆周期监管的概念和工具后，我国监管部门开始关注宏观审慎管理对银行亲周期行为，特别是信贷亲周期行为的抑制作用。二是经济进入新常态，经济下行压力较大，稳增长和调结构成为经济金融政策调整的主基调，在稳健货币政策的主基调下采取了松紧适度趋于偏松的调控方式。2012 年以来，央行连续 6 次下调存、贷款利率，连续 5 次普降存款准备金率，向市场传递宏观调控方向信号，释放一定流动性，发挥金融支持实体经济的作用。基于以上分析提出第二个假设：

假设Ⅱ：在逆周期的金融政策调控和监管下，我国商业银行信贷行为呈现出逆周期特征。

（三）银行存贷款利率溢价与经济周期

经济周期性波动往往会引导商业银行对存贷款利率溢价进行调整，这一调整除了受自身条件和特征影响外，还受到逆周期资本缓冲和宏观调控机制的影响。Agenor 等（2009）认为在贷款利率溢价方面，由于银行与借款人之间存在信息不对称，资本实力雄厚的银行的经营往往也比较稳健，在授信过程会谨慎选择风险低的优质客户，贷款利率溢价水平也较低。Markovic（2006）、Meh 和 Moran（2009）、Agenor 等（2009）认为在存款利率溢价方面，银行资本金充足有助于缓解银行与存款人之间的信息不对称，也更容易吸引到储户，降低银行的存款利率溢价水平。Fonseca 等（2010）基于 92 个国家的跨国数据实证研究发现，存贷款利率溢价水平在逆周期的缓冲机制下显著降低，而且这一抑制作用在经济下行周期体现更为明显。

中国作为中等收入国家存在资本市场发展不充分、银行贷款市场非完全竞争、信息不对称问题普遍等情况，使中国银行业在存贷款利率溢价与经济周期性波动方面表现出自身特征。新常态下，我国经济面临下行压力较大，银行作为我国实体经济融资的主要来源，在逆周期调控和监管的引导下，其信贷行为也面临着较大的市场风险和信用风险。在经济下行期，市场赚钱效应降低，银行总体经营趋于稳健，倾向于寻找低风险的贷款客户，贷款利率水平下降。同时在经济下行期，资金面趋紧，存款来源减少，银行为争夺存款可能会提高利率水平，推高存款利率溢价水平。随着我国利率市场化稳步推进，虽然当前贷款利率已全面放开，但存款利率上限还受到管制，这将不同程度地影响到宏观经济周期波动下我国商业银行存贷款利率溢价水平的调整。基于以上分析提出第三个假设：

假设Ⅲ：我国商业银行贷款利率溢价与经济波动周期之间呈现正相关关系，而存款利率溢价与经济波动周期表现为负相关关系。

三、研究设计与实证检验

（一）模型设定与变量定义

为了检验商业银行在不同经济周期的资本缓冲调整行为即假设Ⅰ，参考 Joppiki 和 Milne（2008）、Tabak 等（2011）的研究构建模型（1）：

$$
\begin{aligned}
BUF_{it} = {} & \beta_0 + \beta_1 BUF_{it-1} + \beta_2 \sum_{1=0}^{1} GAP_{t-1} + \beta_3 M_t \\
& + \sum_n \alpha_n CONTROL_{nit} + YEARDUMMY + \psi_i + \nu_{it}
\end{aligned} \tag{1-1}
$$

$$
\begin{aligned}
BUF_{it} = {} & \beta_0 + \beta_1 BUF_{it-1} + \beta_2 \sum_{1=0}^{1} GAP_{t-1} + \beta_3 M_t + \beta_4 STATE \\
& + \beta_5 \sum_{1=0}^{1} GAP_{t-1} \times STATE + \beta_6 M_t \times STATE \\
& + \sum_n \alpha_n CONTROL_{nit} + YEARDUMMY + \psi_i + \nu_{it}
\end{aligned} \tag{1-2}
$$

$$
\begin{aligned}
BUF_{it} = {} & \beta_0 + \beta_1 BUF_{it-1} + \beta_2 \sum_{1=0}^{1} GAP_{t-1} + \beta_3 M_t + \beta_4 NEWNOR \\
& + \beta_5 \sum_{1=0}^{1} GAP_{t-1} \times NEWNOR + \sum_n \alpha_n CONTROL_{nit} \\
& + YEARDUMMY + \psi_i + \nu_{it}
\end{aligned} \tag{1-3}
$$

在模型（1）中，被解释变量 BUF_{it} 表示资本缓冲，其中 i 表示银行个体，t 表示年份（下同）。GAP_t 表示经济周期的波动，其值通过目前研究常用的 H - P 滤波技术分解得出，由于其实际包含的是 GDP 增速的周期成分，其值大于 0 表示经济处于上行周期，反之则表示经济处于下行周期。由于产出缺口 GAP_t 的影响可能存在滞后效应，本研究参考 Mistrrli 和 Gamborca（2004）构建长期弹性系数（Long - run Coefficients），以更好地考虑经济周期波动的累积效应。M_t 表示货币供应水平，国内衡量货币政策调控方向的指标有多种，相关文献对此也不统一，本研究以货币供应量 M2 表示货币政策的松紧状况。模型（1）的控制变量 $CONTROL_{it}$ 包括 TA_{it}、ROE_{it}、$DLOAN_{it}$ 和 NPL_{it}。TA_{it} 表示银行的资产规模，用于衡量银行经营的稳健性，其值为资产总额取自然对数；ROE_{it} 表示银行的盈利水平，主要用于控制银行的资本成本，其值为净资产收益率；$DLOAN_{it}$ 表示银行的贷款行为，用于控制银行贷款行为随经济周期变化对资本缓冲的影响，其值为贷款的对数差分序列；NPL_{it} 表示银行的资产状况，用于衡量银行经营的风险状况，其值为不良贷款率。模型（1－2）和模型（1－3）中还分别引入了 STATE 和 NEWNOR 两个虚拟变量，STATE 表示大型国有商业银行[①]，用以研究其在资本、信贷行为方面是否与其他银行存在差异；NEWNOR 表示新常态[②]，2010 年之后我国经济步入下行期，以 2010 年为界限研究新常态下商业银行资本和信贷行为特征。YEARDUMMY 为年度虚拟变量，Ψ_{it} 表示个体效应，v_{it} 为随机误差项。

为了检验在金融政策调控和监管下银行贷款行为、贷款溢价以及存款溢价与经济周期的关系，即假设 II 和假设 III，参考 Fonseca 和 González（2010）、Coffinet（2011）构建模型（2）：

$$DLOAN_{it} = \beta_0 + \beta_1 DLOAN_{it-1} + \beta_2 \sum_{l=0}^{1} GAP_{t-1} + \beta_3 BUF_{it} + \beta_4 M_t$$
$$+ \sum_n \alpha_n CONTROL_{nit} + YEARDUMMY + \psi_i + v_{it} \qquad (2-1)$$

$$DLOAN_{it} = \beta_0 + \beta_1 DLOAN_{it-1} + \beta_2 \sum_{l=0}^{1} GAP_{t-1} + \beta_3 BUF_{it} + \beta_4 M_t$$
$$+ \beta_5 STATE + \beta_6 \sum_{l=0}^{1} GAP_{t-1} \times STATE + \beta_7 M_t \times STATE$$
$$+ \sum_n \alpha_n CONTROL_{nit} + YEARDUMMY + \psi_i + v_{it} \qquad (2-2)$$

$$DLOAN_{it} = \beta_0 + \beta_1 DLOAN_{it-1} + \beta_2 \sum_{l=0}^{1} GAP_{t-1} + \beta_3 BUF_{it} + \beta_4 M_t$$
$$+ \beta_5 NEWNOR + \beta_6 \sum_{l=0}^{1} GAP_{t-1} \times NEWNOR + \sum_n \alpha_n CONTROL_{nit}$$
$$+ YEARDUMMY + \psi_i + v_{it} \qquad (2-3)$$

模型（2）主要检验银行贷款行为的周期性特征。$DLOAN_{it}$ 表示银行的贷款行为，以贷款增速衡量，其值为贷款的对数差分序列。控制变量 $CONTROL_{it}$ 包括 TA_{it}、NPL_{it} 和 $MARKET_{it}$，其中，TA_{it}、NPL_{it} 的含义同模型（1），$MARKET_{it}$ 表示

---

① 若为大型国有商业银行取值为 1，否则取值为 0。

② 若时间在 2010 年之后（含 2010 年）取值为 1，否则取值为 0。

市场集中度，其值为五大行资产规模占银行业的比重。其他变量含义同模型
（1）。

$$\text{LOANR}_{it} = \beta_0 + \beta_1 \text{LOANR}_{it-1} + \beta_2 \sum_{l=0}^{1} \text{GAP}_{t-1} + \beta_3 \text{BUF}_{it} + \beta_4 M_t$$

$$+ \sum_n \alpha_n \text{CONTROL}_{nit} + \text{YEARDUMMY} + \psi_i + \nu_{it} \tag{3-1}$$

$$\text{LOANR}_{it} = \beta_0 + \beta_1 \text{LOANR}_{it-1} + \beta_2 \sum_{l=0}^{1} \text{GAP}_{t-1} + \beta_3 \text{BUF}_{it} + \beta_4 M_t + \beta_5 \text{STATE}$$

$$+ \beta_6 \sum_{l=0}^{1} \text{GAP}_{t-1} \times \text{STATE} + \beta_7 M_t \times \text{STATE} + \sum_n \alpha_n \text{CONTROL}_{nit}$$

$$+ \text{YEARDUMMY} + \psi_i + \nu_{it} \tag{3-2}$$

$$\text{LOANR}_{it} = \beta_0 + \beta_1 \text{LOANR}_{it-1} + \beta_2 \sum_{l=0}^{1} \text{GAP}_{t-1} + \beta_3 \text{BUF}_{it} + \beta_4 M_t + \beta_5 \text{NEWNOR}$$

$$+ \beta_6 \sum_{l=0}^{1} \text{GAP}_{t-1} \times \text{NEWNOR} + \sum_n \alpha_n \text{CONTROL}_{nit} + \text{YEARDUMMY}$$

$$+ \psi_i + \nu_{it} \tag{3-3}$$

$$\text{DEPR}_{it} = \beta_0 + \beta_1 \text{DEPR}_{it-1} + \beta_2 \sum_{l=0}^{1} \text{GAP}_{t-1} + \beta_3 \text{BUF}_{it} + \beta_4 M_t$$

$$+ \sum_n \alpha_n \text{CONTROL}_{nit} + \text{YEARDUMMY} + \psi_i + \nu_{it} \tag{4-1}$$

$$\text{DEPR}_{it} = \beta_0 + \beta_1 \text{DEPR}_{it-1} + \beta_2 \sum_{l=0}^{1} \text{GAP}_{t-1} + \beta_3 \text{BUF}_{it} + \beta_4 M_t + \beta_5 \text{STATE}$$

$$+ \beta_6 \sum_{l=0}^{1} \text{GAP}_{t-1} \times \text{STATE} + \beta_7 M_t \times \text{STATE} + \sum_n \alpha_n \text{CONTROL}_{nit}$$

$$+ \text{YEARDUMMY} + \psi_i + \nu_{it} \tag{4-2}$$

$$\text{DEPR}_{it} = \beta_0 + \beta_1 \text{DEPR}_{it-1} + \beta_2 \sum_{l=0}^{1} \text{GAP}_{t-1} + \beta_3 \text{BUF}_{it} + \beta_4 M_t + \beta_5 \text{NEWNOR}$$

$$+ \beta_6 \sum_{l=0}^{1} \text{GAP}_{t-1} \times \text{NEWNOR} + \sum_n \alpha_n \text{CONTROL}_{nit} + \text{YEARDUMMY} + \psi_i + \nu_{it} \tag{4-3}$$

模型（3）和模型（4）用于检验存、贷款利率溢价与经济周期波动的关系，除被解释变量外，其他变量含义与模型（2）相同。模型（3）的被解释变量 LOANR_{it} 表示银行的贷款利率溢价水平，其值为银行当年贷款利息收入除以总贷款余额减去同期 1 年期国债平均利率；模型（4）的被解释变量 DEPR_{it} 表示银行的存款利率溢价水平，其值为银行当年存款利息费用支出除以总存款余额减去同期 1 年期国债平均利率。

（二）估计方法和数据样本

1. 估计方法

模型（1）~模型（4）均包含滞后一阶的解释变量，具有动态面板特征。根据 Arellano 和 Bond（1991）的研究结论，由于被解释变量滞后项与截面效应相互关联导致内生性问题，采用 OLS 方法对动态面板模型进行估计，结果会产生偏差。Bons（2002）研究表明单步 GMM 估计比两步 GMM 估计得出的结论更可靠。因此，本研究采用单步系统 GMM，通过使用适当的工具变量，有效控制内生性问题，较好地实证检验商业银行的资本缓冲行为、信贷行为、存贷款利率溢价与经济周期波动之间的动态调整过程。

2. 数据样本

我国经济从 2002 年走出通货紧缩，经济发展进入快车道，甚至出现过热的苗头。随后 2008 年金融危机发生，经济下行压力逐渐加大，到 2012 年 GDP 增长步入 7% 时代，经济发展逐步进入新常态。因而，本研究选取 2003~2014 年我国 38 家银行①的年度面板数据实证检验我国商业银行的资本缓冲、信贷行为和存贷款溢价率与我国经济周期的关系。宏观经济数据主要来源于《中国统计年鉴》，商业银行数据主要来源于 Bankscope 数据库、商业银行年度报告、人民银行和银监会网站公布的统计数据。各变量的具体含义和描述性统计如表 1 所示。

表 1　变量名称及描述性统计

变量	变量含义	均值	标准差	最小值	最大值
BUF	资本缓冲，资本充足率 - 8%	0.0363	0.0390	- 0.0761	0.2294
DLOAN	贷款的对数差分序列	0.2278	0.1180	- 0.1197	0.9978
LOANR	平均贷款利息收入率 - 当年 1 年期国债平均收益率	0.0649	0.0160	0.0341	0.1426
DEPR	平均存款利息费用率 - 当年 1 年期国债平均收益率	0.0178	0.0059	0.0079	0.0867
GAP	产出缺口，使用 H - P 滤波分离出 GDP 增速序列循环周期成分	- 0.0057	0.0436	- 0.0845	0.0629
M	货币供应量 M2 增长率	0.1690	0.0379	0.1220	0.2770
MARKET	市场集中度，五大行资产规模占银行业的比重	0.4997	0.0219	0.4840	0.6140

---

①　38 家银行包括：工商银行、农业银行、中国银行、建设银行、交通银行、广发银行、浦发银行、招商银行、光大银行、华夏银行、中信银行、兴业银行、平安银行（原深发展银行）、民生银行、恒丰银行、北京银行、南京银行、浙商银行、上海银行、厦门银行、河北银行、哈尔滨银行、重庆银行、天津银行、江苏银行、大连银行、青岛银行、杭州银行、徽商银行、温州银行、宁波银行、成都银行、南昌银行、西安银行、长沙银行、贵阳银行、富滇银行、昆仑银行。

续表

变量	变量含义	均值	标准差	最小值	最大值
TA	银行资产规模（自然对数）	25.7839	1.8815	22.3340	30.2673
ROE	净资产收益率	0.1757	0.0945	−0.2732	0.5921
NPL	不良贷款率	0.0453	0.0498	0.0032	0.5982

图 1 描述了 2003~2014 年我国经济周期性波动、货币供应量增长和信贷增速[①]的变动情况。从图 1 来看，货币供应量增速与信贷增速基本保持了同方向变动，而与经济周期波动有些背离，尤其在 2008 年金融危机爆发期间表现尤为明显。后危机时期，经济增长放缓进入新常态，货币供应量与信贷增速从高位回落，但仍维持在一定水平。

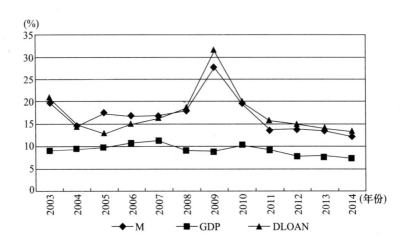

图 1　货币供应量、信贷增速与经济走势

（三）实证结果

1. 我国银行资本缓冲行为与宏观经济波动周期整体呈现正相关关系，新常态下正相关性显著加强

表 2 为假设 I 的估计结果。资本缓冲的滞后项 BUF_{t-1} 的系数显著为正，说明使用动态面板模型描述银行资本缓冲调整行为具有合理性。在 BUF（1−1）~BUF（1−2）中，产出缺口 GAP 的系数均显著为正，说明我国商业银行的资本缓

---

①　各变量数据均为实际增长速度。

冲与经济波动周期总体呈现正相关关系，资本缓冲行为具有逆周期特征。这与根据西方国家数据检验出的经验证据不同，西方国家银行资本缓冲行为与经济周期呈现出明显的负相关关系。贷款增速 DLOAN 和货币供应量 M 的符号为负，虽然显著性不强但仍可说明我国货币政策调控与资本监管的一致性和逆周期性。在BUF（1-2）中，国有银行虚拟变量 STATE 和产出缺口 GAP 的交叉项 GAP×STATE 的长期弹性系数显著为负，说明国有银行资本缓冲的逆周期现象明显弱于其他类型银行。在 BUF（1-3）中，为了进一步检验新常态下商业银行的资本缓冲行为，引入新常态虚拟变量 NEWNOR，虽然单从产出缺口 GAP 的系数来看，正向但不显著，但其与新常态虚拟变量 NEWNOR 的交叉项 GAP×NEWNOR 的系数显著为正，说明我国进入经济发展新常态后，在逆周期资本监管的引导下，我国商业银行的资本缓冲行为表现出明显的逆周期特征。

表 2　银行资本缓冲与经济周期波动关系

变量	BUF（1-1）	BUF（1-2）	BUF（1-3）
BUF_{t-1}	0.46 *** （7.89）	0.42 *** （6.01）	0.45 *** （7.21）
GAP	0.36 ** （10.98）	0.49 ** （13.76）	0.04 （0.01）
DLOAN	-0.04 * （-1.81）	-0.03 （-1.36）	-0.03 * （-1.38）
M	-0.17 * （-0.15）	-0.23 （-0.19）	-0.13 * （-0.11）
TA	-0.00 ** （-2.38）	-0.00 *** （-3.12）	-0.00 ** （-1.78）
ROE	-0.05 * （1.91）	-0.05 * （-1.66）	-0.05 * （-1.69）
NPL	-0.19 *** （-2.67）	-0.28 *** （-4.32）	-0.23 *** （-3.52）
STATE		0.02 *** （2.71）	
GAP×STATE		-0.53 *** （23.99）	
NEWNOR			0.00 * （1.02）
GAP×NEWNOR			0.12 *** （3.42）
CONS	0.05 *** （2.84）	0.05 ** （3.11）	0.05 * （1.76）
AR（2）-P	0.20	0.22	0.18
SARGAN-P	0.89	0.81	0.82
HANSEN-P	1.00	1.00	1.00
YEAR DUMMIES	controlled	controlled	controlled

注：*、**、***分别表示在10%、5%、1%的置信水平显著，括号内的数字为 t 统计量或 f 统计量，AR（2）-P 为二阶自相关检验的 p 值，SARGAN-P 与 HANSEN-P 是对模型工具变量检验的 p 值（下同）。

2. 我国银行信贷行为与经济周期整体表现为负相关关系，新常态下相关性不显著

表3为假设Ⅱ的估计结果。贷款增速滞后项 DLOAN$_{t-1}$ 的系数显著为正，说明银行贷款行为在时间上具有紧密的关联性，使用动态面板模型描述银行贷款行为具有合理性；在 DLOAN（2-1）~DLOAN（2-2）中，产出缺口 GAP 的系数显著为负，说明我国银行信贷行为与经济周期波动呈现负相关关系，总体表现为逆周期性。资本缓冲 BUF 的符号显著为负，说明在资本监管政策下资本缓冲能够强化银行信贷的逆周期行为；货币供应量 M 的符号显著为正，说明我国货币政策调控对银行的信贷调整行为具有积极的显著影响。在 DLOAN（2-2）中，国有银行虚拟变量 STATE 和产出缺口 GAP 的交叉项 GAP×STATE 的系数显著为负，说明国有银行的货币信贷行为表现出较强的逆周期性。国有银行虚拟变量 STATE 和货币供应量 M 的交叉项 M×STATE 的系数显著为正，说明货币供应量对国有商业银行的信贷行为影响较为显著。在 DLOAN（2-3）中，为了进一步检验新常态下商业银行信贷行为，引入新常态虚拟变量 NEWNOR，单独产出缺口 GAP 的系数为显著负向，但其与新常态虚拟变量 NEWNOR 的交叉项 GAP×NEWNOR 的系数为正但不显著，说明我国进入经济发展新常态后，商业银行信贷行为的周期性特征不明显。虽然我国经济新常态下，经济增速放缓且面临下行压力较大，但信贷增速仍维持在一定水平。

表3　银行信贷行为与经济周期波动关系

变量	DLOAN（2-1）	DLOAN（2-2）	DLOAN（2-3）
DLOAN$_{t-1}$	0.21**（1.89）	0.17**（1.01）	0.13*（1.21）
GAP	-2.36**（3.98）	-0.49*（3.76）	-0.41**（1.03）
BUF	-0.37*（-1.82）	-0.53*（-1.86）	-0.23*（-1.78）
M	0.57***（0.35）	0.63***（0.39）	0.45***（0.21）
TA	-0.01*（-1.36）	-0.01（-2.42）	-0.00*（-1.77）
MARKET	0.85**（2.91）	0.91**（2.66）	0.95**（2.89）
NPL	-0.89**（-2.47）	-0.78*（-2.32）	-0.73（-1.52）
STATE		-0.07**（-2.93）	
GAP×STATE		-13.26*（3.27）	
M×STATE		5.28**（2.22）	
NEWNOR			0.41（0.85）
GAP×NEWNOR			16.62（5.79）
CONS	-0.23（-1.84）	-0.21（-2.11）	-0.22（-1.96）

变量	DLOAN（2－1）	DLOAN（2－2）	DLOAN（2－3）
AR（2）－P	0.79	0.44	0.59
SARGAN－P	0.15	0.51	0.32
HANSEN－P	1	1	1
YEAR DUMMIES	controlled	controlled	controlled

3. 我国银行贷款利率溢价与经济周期整体表现为正相关关系，新常态下正相关性仍显著

表 4 为假设Ⅲ贷款利率溢价 LOANR 的估计结果。贷款利率溢价滞后项 $LOANR_{t-1}$ 的系数显著为正，说明银行贷款利率溢价在时间上具有紧密的关联性；产出缺口 GAP 的系数显著为正，说明我国商业银行贷款利率溢价具有逆周期性，不同于基于西方国家银行数据得到的实证结果。在大部分样本期间，我国利率市场化还没有完全放开，另外受逆周期货币政策调控影响，使我国贷款利率溢价表现出逆周期性特征；资本缓冲 BUF 的系数为负但不显著，说明资本缓冲对贷款溢价的经济周期效应影响并不明显；货币供给量 M 的符号显著为负，说明我国货币政策调控对银行贷款溢价具有积极的正面引导作用。在 LOANR（3－2）中，国有银行虚拟变量 STATE 和产出缺口 GAP 的交叉项 GAP×STATE 的系数显著为正，说明国有银行贷款溢价逆周期性明显，支持经济发展存在显著的利好效应。国有银行虚拟变量 STATE 和货币供给量 M 的交叉项 M×STATE 的系数显著为负，说明货币供应量对国有商业银行的贷款溢价影响较为明显。在 LOANR（3－3）中，为了进一步检验新常态下商业银行贷款利率溢价行为，引入新常态虚拟变量 NEWNOR，其与产出缺口 GAP 的交叉项 GAP×NEWNOR 的系数也显著为正，说明我国经济进入新常态后，商业银行的贷款利率溢价仍表现出逆周期性，从而有助于支持实体经济的资金需求。

表4　银行贷款溢价调整与经济周期波动关系

变量	LOANR（3－1）	LOANR（3－2）	LOANR（3－3）
$LOANR_{t-1}$	0.41*（1.88）	0.36**（2.01）	0.25*（1.56）
GAP	0.26***（13.78）	0.33*（13.86）	0.27*（3.01）
BUF	－0.01（－1.41）	－0.01（－1.24）	－0.02（－0.43）
M	－1.36*（0.78）	－1.63*（0.59）	－1.57（0.36）
TA	－0.00**（－2.39）	－0.00**（－2.48）	－0.00***（－2.58）
MARKET	0.10（0.51）	0.06（0.16）	0.04（0.38）

续表

变量	LOANR (3-1)	LOANR (3-2)	LOANR (3-3)
NPL	-0.03 (-0.47)	0.04 (-2.02)	0.03 (1.01)
STATE		0.00 (0.63)	
GAP × STATE		3.16* (0.17)	
M × STATE		-2.18* (3.42)	
NEWNOR			0.03* (5.96)
GAP × NEWNOR			2.01* (5.33)
CONS	0.03 (1.04)	0.03 (1.11)	-0.02 (-0.34)
AR (2) - P	0.57	0.54	0.43
SARGAN - P	0.21	0.22	0.52
HANSEN - P	1	1	1
YEAR DUMMIES	controlled	controlled	controlled

4. 我国银行存款利率溢价与经济周期整体表现为负相关关系，但新常态下表现为正相关性

表5为假设Ⅲ存款利率溢价 DEPR 的估计结果。存款利率溢价滞后项 $DEPR_{t-1}$ 的系数显著为正，说明银行存款利率溢价在时间上具有紧密的关联性；产出缺口 GAP 的系数显著为负，说明我国商业银行存款利率溢价表现出顺周期特征，与基于西方国家银行数据得到的实证结果一致；资本缓冲 BUF 的系数显著为负，说明银行资本缓冲有助于促进银行存款利率溢价水平的降低。货币供应量 M 的符号显著为负，说明我国松紧适度的货币政策调控通过调节市场流动性，对银行存款利率溢价的顺周期性产生了明显影响。

表5 银行存款溢价调整与经济周期波动关系

变量	DEPR (4-1)	DEPR (4-2)	DEPR (4-3)
$DEPR_{t-1}$	0.38*** (4.88)	0.38*** (6.02)	0.61*** (2.68)
GAP	-0.11*** (11.13)	-0.09* (2.96)	-0.04*** (15.04)
BUF	-0.01* (-1.52)	-0.02* (-2.24)	-0.01 (-0.25)
M	-2.96* (1.43)	-3.19* (2.01)	-3.47* (1.64)
TA	-0.00 (0.22)	-0.00 (0.48)	-0.00** (-3.22)
MARKET	-0.03* (-0.96)	-0.02 (-1.23)	-0.03 (-1.41)
NPL	-0.04** (-3.46)	-0.02 (-1.73)	-0.03** (-1.41)
STATE		0.00* (1.73)	

续表

变量	DEPR（4－1）	DEPR（4－2）	DEPR（4－3）
GAP × STATE		－4.11（－1.28）	
M × STATE		－4.36*（－6.57）	
NEWNOR			0.02***（12.68）
GAP × NEWNOR			0.51*（3.24）
CONS	－1.59（－3.01）	－1.51（－1.42）	－0.98（－2.55）
AR（2）－P	0.37	0.41	0.78
SARGAN－P	0.31	0.45	0.26
HANSEN－P	0.99	0.99	1.00
YEAR DUMMIES	controlled	controlled	controlled

在 DEPR（4-2）中，国有银行虚拟变量 STATE 与产出缺口 GAP、货币供应量 M 的交叉项 GAP × STATE、M × STATE 的系数为负，但不显著，说明国有银行存款利率溢价逆周期效应不明显。在 DEPR（4-3）中，引入新常态虚拟变量 NEWNOR，其与产出缺口 GAP 的交叉项 GAP × NEWNOR 的系数显著为正，说明我国经济进入新常态后，与整个样本期不同，商业银行的存款利率溢价表现出了逆周期性，对实体经济发展具有促进作用。

（四）稳健性检验

为验证实证结果的稳健性，本研究对相关变量进行了调整。在实证过程中，选取发电量增速作为产出缺口的替代变量，用以衡量经济的周期性波动。另外还考虑了银行的流动性水平、盈利水平、风险状况等控制变量，但影响均不显著，结论中也未考虑这些变量。通过稳健性检验，所得主要结论基本与现结论一致。

为验证 GMM 方法的估计结果，对三个假设还分别采用混合最小二乘法进行估计。由于被解释变量的滞后一阶项和不可观察的截面效可能存在正相关性，在使用混合最小二乘法进行估计时，得到的估计值向上偏倚。虽然采用混合最小二乘法进行估计存在偏差，但滞后一阶系数均能够满足相关条件。

四、结论与政策建议

本文基于我国 38 家商业银行 2003～2014 年度非平衡面板数据，对我国宏观经济波动下，特别是经济新常态下，商业银行的资本缓冲调整行为、银行信贷行为以及存贷款溢价情况进行了理论分析和实证研究。实证结果表明，我国银行资本缓冲行为与宏观经济波动周期整体呈现正相关关系，新常态下正相关性显著加强，国有银行的资本缓冲调整特征明显弱于其他类型银行；我国银行信贷行为与经济周期整体表现为负相关关系，新常态下相关性不显著。资本监管和货币政策调控政策对银行的信贷调整行为具有积极的引导作用，其中国有商业银行表现较为明显；我国银行贷款利率溢价与经济周期整体表现为正相关关系，新常态下正相关性仍显著。存款利率溢价与经济周期整体表现为负相关关系，但新常态下表现为正相关性。资本管控对贷款利率溢价影响不明显，但对存款利率溢价的亲周期具有明显的弱化效应。货币政策调控对存、贷款溢价影响显著，货币供应量与存、贷款溢价显著负相关。国有银行的贷款利率溢价对经济周期反应明显，但存款利率溢价反应不明显。

随着我国经济发展步入新常态，经济发展下行压力较大，结构调整任务艰巨。由于商业银行在金融体系中处于核心地位，信贷资金仍然是实体经济融资的主要来源。在新常态下，不仅要关注经济波动对以商业银行为中心的金融体系的影响，更要关注商业银行资本缓冲、信贷行为和其利率价格行为对经济周期的反作用。巴塞尔Ⅲ意味着更为严格的资本监管，对我国逆周期的资本监管影响较大，进而影响到我国商业银行的资本缓冲和信贷行为。我国商业银行的资本缓冲与经济波动周期整体上呈现正相关特征，但是国有银行作为资金来源的主要渠道，其这一特征显著弱于其他类型银行，监管当局应重视这一差异。在稳增长调结构的过程中，货币政策发挥着重要作用，并需要通过商业银行传导至实体经济，虽然增加货币供应量有助于增加货币资金供给，在新常态下还要关注实体经济有效信贷资金需求不足的问题。随着利率市场化的推进，监管当局应关注存贷款溢价水平与经济波动周期的关系，尤其是新常态下经济发展的新特点对存贷款溢价的影响，引导商业银行建立合理的利率价格形成机制，避免对当前脆弱经济产生不利影响。

（课题组成员：毛笑蓉、王晓菲、史文、和普霞、陈文、张雪、郭田田、王军只、杨杰、王亮）

参考文献

[1] Agénor P., Alper K. and P. Silva. Capital Requirements and Business Cycles with Credit Market Imperfections [R]. Policy Research Working Paper, 2009 (51).

[2] Arellano M. and S. Bond. Some Tests of Specification for Panel Data: Monte Carlo Evidence and an Application to Employment Equations [J]. Review of Economic Studies, 1991 (58).

[3] Bernanke B. S. and M. Gertler. Agency Costs, Net Worth, and Business Fluctuations [J].

American Economic Review, 1989（79）.

［4］ Coffinet J. et al. Two – Way Interplays between Capital Buffers, Credit and Output：Evidence from French Banks ［R］. Banque de France, Document de Travail, 2011（316）.

［5］ Fonseca R. and F. GonzáLez. How Bank Capital Buffers Vary Across Countries：The Influence of Cost of Deposits, Market Power and Bank Regulation ［J］. Journal of Banking and Finance, 2010（34）.

［6］ Jokipii T. and A. Milne. The Cyclical Behavior of European Bank Capital Buffers ［J］. Journal of Banking and Finance, 2008（32）.

［7］ Ktyotaki N. and J. Moore. Credit Cycles ［J］. The Journal of Political Economy, 1997（105）.

［8］ Lindquist K. BanksᶦBuffer Capital：How Important is Risk？［J］. Journal of International Money and Finance, 2004（23）.

［9］ Markovic B. Bank Capital Channels in the Monetary Transmission Mechanism ［R］. Bank of England Working Paper, 2006（313）.

［10］ Stolz S. and M. Wedow. Banks' Regulatory Capital Buffer and the Business Cycle：Evidence for Germany ［J］. Journal of Financial Stability, 2011（7）.

［11］ 陈昆亭，周炎，龚六堂. 信贷周期：中国经济 1991～2010 ［J］. 国际金融研究, 2011（12）.

［12］ 陈雨露. 后危机时期货币金融稳定的新框架 ［J］. 中国金融, 2009（16）.

［13］ 储著贞，梁权熙，蒋海. 宏观调控、所有权结构与商业银行信贷扩张行为 ［J］. 国际金融研究, 2012（3）.

［14］ 黄宪，熊启跃. 银行资本缓冲、信贷行为与宏观经济波动 ［J］. 国际金融研究, 2013（1）.

［15］ 黄宪，吴克保. 我国商业银行对资本约束的敏感性研究——基于对中小企业信贷行为的实证分析 ［J］. 金融研究, 2009（11）.

［16］ 李文泓，罗猛. 关于我国商业银行资本充足率顺周期性的实证研究 ［J］. 金融研究, 2010（2）.

［17］ 刘斌. 资本充足率对我国贷款和经济影响的实证研究 ［J］. 金融研究, 2005（11）.

［18］ 潘敏，张依茹. 股权结构会影响商业银行信贷行为的周期性特征吗？——来自中国银行业的经验证据 ［J］. 金融研究, 2013（4）.

［19］ 吴玮. 资本约束对商业银行资产配置行为的影响——基于 175 家商业银行数据的经验研究 ［J］. 金融研究, 2011（4）.

［20］ 徐明东，陈学彬. 货币环境、资本充足率与商业银行风险承担 ［J］. 金融研究, 2012（7）.

［21］ 赵锡军，王胜邦. 资本约束对商业银行信贷扩张的影响：中国实证分析（1995～2003）［J］. 财贸经济, 2007（7）.

［22］ 张宗新，徐冰玉. 监管政策能否抑制商业银行亲周期行为——基于中国上市银行面板数据的经验证据 ［J］. 财贸经济, 2010（2）.

新常态下影子银行体系脆弱性及其治理

一、影子银行概念界定

自从 2008 年美国次贷危机席卷全球以来，作为危机重要原因的影子银行体系（Shadow Banking System）开始受到国际实务界和学术界的广泛关注和重视。无论是学术界的研究和各国监管部门的监管实务均取得良好进展。国外的研究以国际组织居多，比如金融稳定理事会（FSB）、国际货币基金组织（IMF）、世界银行（WB）、巴塞尔银行监管委员会（BCBS）和国际证监会组织（IOSCO），且研究和推动改革的重点在于影子银行的监管措施。国内的研究多集中于影子银行概念的界定、规模的测算、对货币政策及银行体系稳定性的影响、影子银行风险等几个方面。

在影子银行的概念界定和内涵方面，FSB 和美国纽联储对影子银行的定义较早且较为权威。美国纽联储首先于 2008 年提出"平行银行体系"（Parallel Banking System），并于 2010 年在《影子银行》的报告中将影子银行定义为："从事期限、信用和流动性转换，但不能获得中央银行提供的流动性担保或是公共部门提供信贷担保的金融中介。"FSB 将影子银行定义为"传统银行体系之外的信用中介机构和信用中介活动"，并采用两步法来对影子银行体系进行监测评估。广义估算口径为"其他金融中介"资产，即不属于银行、央行、保险公司、养老金等机构的金融机构；狭义估算口径为广义口径扣除银行集团内已受审慎监管的非银行金融实体资产、不存在影子银行风险的金融实体资产、不涉及银行类信用中介的非银行金融实体资产。国内对影子银行定义的界定标准有以下几个：一是是否在银行体系之内，即是否具备脱媒特征，比如沈伟（2014）、人民银行兰州中支课题组（2015）、于博（2015）。二是是否具备信用中介、流动性中介等类银行经济功能，比如王静（2014）、单畅（2015）。三是是否接受监管，比如刘杨（2011）、李波和于博（2015）、李俊霞（2014）等。四是是否具备高杠杆、顺周期性等系统性影响，比如王静（2014）。五是是否存在央行担保，比如李俊霞

（2014）等。

影子银行概念的界定直接影响到规模的估算。由于概念界定不同，国内学者对于我国影子银行规模的估算也从几万亿元到几十万亿元不等。在此需要特别明确一个概念，即影子银行的规模并不一定代表风险的规模。比如，某些影子银行业务接受监管或不具备风险传染链条，此类影子银行业务尽管规模大，也不具备研究的必要性。对影子银行概念和内涵的界定不仅仅是一个学术问题，也是采取监管措施的必要前提。银监会主席王兆星也提到：一个无所不包的"影子银行体系"怎么能谈得上有效治理呢？

我们认为，"影子银行"也好，"平行银行"也罢，其词组的重点仍然在于"银行"，即首先需要具备类似银行的经济功能。而银行的经济功能则可以总结为信用中介、流动性中介、集合投资中介、风险中介、促进信用创造。此外，国务院《关于加强影子银行监管有关问题的通知》（107 号文）对我国影子银行体系进行了界定，分为三类：一是不持有金融牌照、完全无监管的信用中介机构，包括新型网络金融公司、第三方理财机构等；二是不持有金融牌照，存在监管不足的信用中介机构，包括融资性担保公司、小额贷款公司等；三是机构持有金融牌照，但存在监管不足或规避监管的业务，包括货币市场基金、资产证券化、部分理财业务等。可以看出，107 号文使用的是狭义的影子银行概念，即在广泛的"非银行金融机构"的影子银行概念中扣除了已经接受监管的非银行金融机构。因此，我们将影子银行定义为"具备银行体系经济功能，且较少接受监管的非银行信用中介"，研究范围包括新型网络金融公司、第三方理财机构、融资性担保公司、小额贷款公司、货币市场基金和资产证券化业务。

二、新常态下我国影子银行的经济功能分类及脆弱性表现

近年来，我国经济金融进入新常态。传统被认定为影子银行体系的货币市场基金、资产证券化、融资性担保公司、小额贷款公司仍在蓬勃发展的同时，余额宝、第三方理财等互联网金融业态也迅猛发展，成为影子银行体系一个重要组成部分。而随着利率市场化的深入推进，影子银行体系的形态还将不断发生演变，一些不符合金融体系发展要求的机构和业务可能消失，而新型业务也必然继续涌现。因此，挖掘影子银行体系的各种内在经济功能的脆弱性并相应提出治理建议，比仅针对特定机构进行治理的做法更具有客观合理性、普适性和前瞻性。

FSB 将影子银行实体根据其经济功能分为五类：一是集合投资。代表性机构为固定收入共同基金、信用对冲基金、房地产基金、混合基金、交易所交易的基

金等。二是贷款供给。代表性机构为金融公司（Finance Companies）、房地产信贷公司、保理公司和消费信贷公司等。三是依赖短期资金或客户资产担保融资的业务。代表性业务和机构为经纪商。四是促进信用创造。代表性机构为保险公司、抵押担保保险商。五是资产证券化。代表性业务为证券化产品、资产抵押商业票据（ABCP）、抵押贷款证券等。考虑到我国不存在具备第三类经济功能的机构，我们借鉴国际分类标准将我国影子银行机构和业务根据经济功能分为四类（见表1）。

表1   我国影子银行体系经济功能分类

	经济功能	影子银行机构或业务	规模（亿元）
1	集合投资	以余额宝为代表的货币市场基金	13976.44①
		第三方理财	142.63
2	依赖短期资金的贷款供给	小额贷款公司	9594②
		第三方理财	142.63
3	促进信用创造	融资性担保公司担保余额	25700③
4	证券化信用中介	资产证券化	1129.82④
	合计		50542.89

尽管统计数据存在缺失和不可比的缺陷，但可以基本辅助做出判断：我国影子银行体系最重要的经济功能为集合投资，其次为依赖短期资金的贷款供给。促进信用创造和资产证券化功能相对较弱。影子银行上述经济功能在拓宽企业、个人融资渠道从而服务实体经济、助推利率市场化进程等方面发挥了不容忽视的重要作用，但同时也必须关注其内在的脆弱性及对经济金融体系可能产生的负面溢出作用。

一是集合投资工具易遭受"挤兑"。一般情况下，集合投资工具能够通过为数众多的投资人来分散金融体系的风险。尤其是货币市场基金，更是成为安全性和流动性兼具的"类存款"投资工具。但在极端压力情况下（比如危机期间），这些集合投资工具可能在短时间内面临投资人的大规模赎回，这种赎回在实质上类似于银行"挤兑"。大规模赎回可能导致集合投资工具通过火线出售基础资产来满足赎回需求，相应地可能扭曲市场流动性及资产价格。随着基金净值下降，

---

① 2015 年 6 月末主要货币市场基金规模，根据东方财富网数据整理而得。
② 2015 年 6 月末全国小额贷款公司贷款余额。
③ 2013 年数据，无 2014 年数据。
④ 2015 年 1 ~ 6 月发行数量。

投资人的赎回需求会进一步增加，从而形成负向反馈环。一旦这种因赎回导致的负面效应传染至其他机构，则可能导致系统性风险。上述情况在本轮金融危机之初的美国就曾出现。随着受次债影响的基础资产价值缩水，货币市场基金净值大幅下降，引发投资人的大规模赎回，并相应引发监管部门美国证券交易委员会（SEC）的关注。截至2015年6月末，以余额宝为代表的货币市场基金规模已经相当于2015年上半年全国新增银行信贷资金的1/5。一旦这些产品遭遇大面积赎回，则可能引发的系统性风险不容小觑。值得注意的是，具有以下特征的集合投资工具更容易遭遇"挤兑"并产生系统性影响：投资人风险厌恶；基础资产组合复杂且流动性差；受"挤兑"影响的基础资产和其他集合投资工具持有的基础资产之间的相关关系较高；杠杆率较高；市场集中度高。

二是依赖短期资金的贷款供给行为易面临期限错配等风险。在我国，依赖短期资金的贷款供给行为主体主要包括第三方理财机构和小额贷款公司。第三方理财为独立的第三方中介机构，将投资人的资金归集起来后从事贷款发放活动。从格上理财、希财网等第三方理财平台网站可以看出，第三方理财产品说明中会标明资金投向的大致情况，但没有资金使用方的详细信息披露。第三方理财产品的期限不一，通常以3～6个月居多，这种资金来源短期化与资金使用长期化的现象造成较为严重的期限错配风险。此外，小额贷款公司的资金来源主要为自有资本，仅有少部分银行贷款，期限错配风险基本可控。

三是促进信用创造的机构或业务可能提高金融体系杠杆并加大风险传染。促进信用创造的机构和业务在发达经济体主要包括为资产证券化提供保险等形式，也就是通常我们所熟知的信用违约掉期（CDS）。此类保险通过降低发行成本、放松银行交易对手资本要求等方式创造大量的结构化金融产品。这种机构和业务由于能够提供与借款人风险状况不统一的信用保证功能，因此会放大金融体系的杠杆，在危机时也加重去杠杆过程。我国目前金融市场产品还不丰富，还不存在信用违约掉期产品，具备信用创造功能的影子银行业务主要集中于融资担保行业。截至2013年末，我国融资担保行业融资性担保放大倍数（融资性担保责任余额/净资产）2.3倍，杠杆水平较低。但值得注意的是，我国的信用创造机构还正在参与第三方理财，交叉传染风险提高。以"金宝保"为例，该互联网金融平台已累计发售17亿元理财产品，其每笔理财产品均由某具备国资背景的担保公司提供全额担保，增强投资人信心。"百度百发"的理财产品也采取同样的模式，由中国投资担保公司担保。由于产品链条较长，其中任何一个环节的薄弱点都有可能引致风险传染。

四是资产证券化活动可能提高金融体系杠杆。作为此次危机的始作俑者，资产证券化活动给国际金融体系造成了巨大负面影响，也受到国际监管部门的高度重视。资产证券化是资产盘活和风险分散的良好手段，但同时客观上也确实存在着创造过度流动性和期限转换、高杠杆和监管套利等容易引发金融体系脆弱性的因素。特别是那些透明度差、基础资产及证券化设计更复杂的市场在危机后经历了缓慢的复苏过程。我国证券化业务的开展大量吸取了危机的教训，因此起步较晚，但 2014 年以来呈现较快发展的态势。截至 6 月末，我国信贷资产证券化产品发行规模达 1129.82 亿元，预计市场规模在未来五年内达到 2 万亿元。目前，我国资产证券化产品的主要二级市场仍集中于银行体系，非银行金融机构及个人投资者较少参与，风险传染链条也相对较短。但是，随着资产证券化业务的快速增长，需要特别警惕那些具有复杂结构的证券化产品，构建稳健、透明的证券化市场。

三、治理工具建议

金融稳定理事会（FSB）作为国际金融改革的主要领导机构，在开展影子银行改革方面提出五项基本管理原则。一是政策工具设计应盯准影子银行体系的负面外部性和风险。二是政策工具的运用应与风险相对称。三是政策工具应该具有前瞻性并适应不断出现的风险苗头。四是政策工具应具备有效性。五是监管部门应定期评估监管措施的有效性并根据经验进行调整完善。作为金融稳定理事会成员，我国承诺"以身作则"（Lead by Example），即践行 FSB 关于国际金融改革的原则及建议。因此，我们根据上述影子银行管理原则提出我国治理工具建议。

（一）针对集合投资工具的政策工具

有效管理赎回。一是可以采用设置赎回门槛等措施应对大规模赎回。设置赎回门槛有利于集合投资工具管理投资者的赎回请求，在任一赎回日将赎回数量控制在一定比例，相应地控制挤兑或其他羊群行为。二是采用暂停赎回的方式缓解赎回压力。尽管暂停赎可能过于激进，但它能够赋予基金经理充分的时间来评估是否能够重新开始赎回或顺序清算，在应对因谣言等非基础资产问题而引发的挤兑方面较为有效。三是设置赎回费率或其他赎回限制。设置赎回费率给投资人提供了一个立即赎回的机会，且适用于任何时期。四是设置隔离制度（Side Pockets）。隔离制度是集合投资工具管理期限和流动性风险的工具，可以在法律上隔离投资组合中受损或流动性较差的资产，从而使投资组合中的高质量资产可以满足赎回需求，给市场回稳预留时间。

规范集合投资工具的流动性管理。一是设置投资于非流动性资产的限制。对于那些没有二级市场的资产组合而言，流动性差的资产占比越高，就越难以通过变现应对赎回压力。因此，适度限制该比例能够有效降低资产"火线出售"和挤兑。二是设置流动性缓冲要求以避免压力时期的流动性成本。监管部门可以在评估集合投资工具风险的基础上确定流动性缓冲规模，适合那些基础资产流动性较差的 CIV。三是限制资产集中程度。资产集中程度越高，集合投资工具就越容易受到基础资产所在部门的风险暴露影响，变现也更为困难，因此限制集合投资工具基础资产的集中程度能够降低大规模挤兑的风险。

限制杠杆积累。某些集合投资工具可能通过使用杠杆来提高收益。监管部门可以在合适的时候要求集合投资工具降低杠杆或者保留充分的流动性缓冲，这不仅能够降低市场顺周期性，还能够降低隐性"政府安全网"，促使集合投资工具审慎经营。

（二）针对贷款供给功能的政策工具

目前，十部委已联合下发《互联网金融指导意见》，明确了网络借贷归口银监会管理。下一步，建议监管部门对非信息平台中介类第三方理财机构采取类似银行的宏观审慎管理，主要包括明确资本和杠杆率要求、严格流动性管理、控制大额风险暴露，并提高信息披露程度。其中，由于资本是吸收信用风险损失的最好工具，监管部门可以要求此类机构长期保持充分的能够覆盖其风险的资本，切实打好吸收损失的良好基础。

（三）针对促进信用创造功能的政策工具

一是明确融资担保机构的资本要求。二是限制融资担保机构的业务规模和业务范围。如果融资担保机构无法证明其对产品正确定价并管理的能力，则监管部门可以限制其业务规模和范围。监管部门还可以拟定相关指引，要求其开展新业务前向监管部门提交相关业务资料。三是要求融资担保机构持有充分的流动性缓冲以应对流动性冲击。四是定期要求融资担保机构开展压力测试以捕捉其尾部风险。五是强制融资担保机构披露信息。

（四）针对资产证券化的政策工具

一是限制证券化产品的期限或流动性转换。最直接的一个方法是约束证券与基础资产池期限之间的差异，这将有助于加强证券化产品的稳健度并降低资产支持证券的展期（Roll - over）风险。当然，这将对监管部门评估期限错配方面的能力提出挑战。二是限制合格押品。由于银行可能会通过回购等方式为流动性差的表内资产组合融资，因此一旦此类资产组合质量恶化，则可能导致风险传染。

建议部门对可以被承兑和互换的押品质量进行管理，提高押品要求。三是限制银行或其他金融实体对资产证券化产品的风险暴露（见表2）。

表2　各类经济功能的政策工具建议

	经济功能	可使用的政策工具
1	集合投资	设置赎回门槛/赎回费率/暂停赎回；限制非流动性资产投资比例；设置资产隔离制度；限制基础资产集中度；提取流动性缓冲；限制杠杆率
2	贷款供给	建立审慎监管体制，包括资本和流动性要求；流动性缓冲；限制投资资产集中度
3	促进信用创造	资本要求；限制业务规模和范围；提取流动性缓冲；开展压力测试；加强信息披露
4	资产证券化	约束证券与基础资产池期限之间的差异；限制合格押品；限制银行或其他金融实体对资产证券化的风险暴露

（课题组负责人：董洪福；课题组成员：项银涛、刘文权、田娟、李艳丽、孙伊展、楼丹、马凌霄）

参考文献

[1] 沈伟.中国的影子银行风险及规制工具选择［J］.中国法学，2014（4）.

[2] 中国人民银行兰州中心支行课题组.中国影子银行体系及其对银行业稳定性影响的实证研究［J］.学术研究，2015（1）.

[3] 于博.中国影子银行体系结构、规模测算与监管策略——基于金融结构视角的分析[J]. 财经论丛，2015（3）.

[4] 王静.中国式影子银行范畴及监管进展［J］.管理现代化，2014（2）.

[5] 单畅.中国式影子银行系统的风险特征与监管边界分析［J］.理论月刊，2015（5）.

[6] 李俊霞，刘军.中国影子银行体系的风险评估与监管建议［J］.经济学动态，2014（5）.

[7] 王兆星.影子银行及其治理的再思考——银行监管改革探索之九［J］.中国金融，2015（7）.

股权众筹中的投资者保护问题研究

一、绪论

（一）研究背景

1. 股权众筹行业发展迅速

股权众筹，意指企业通过互联网众筹平台出让一定数量的股权，由投资者出资购买，以获得企业未来股权增值收益的新型投融资方式。股权众筹在欧美率先兴起，并发展迅速。2013 年被称为中国"众筹元年"，游戏、房地产、影视等各类众筹平台风起云涌。2014 年，国务院常务会议首次提出"开展股权众筹融资试点"，2015 年 3 月《国务院办公厅关于发展众创空间推进大众创新创业的指导意见》（国办发〔2015〕9 号）重申"开展互联网股权众筹融资试点"。2015 年 7 月中国人民银行、工业和信息化部等十部委联合下发的《关于促进互联网金融健康发展的指导意见》更是旗帜鲜明将股权众筹融资平台界定为互联网金融的重要组成部分，对建立服务实体经济的多层次金融服务体系，进一步拓展普惠金融的广度和深度有极为重要的意义。

截至 2015 年 9 月底，国内正常运营的股权众筹平台共 186 家，主要集中于北上广三地，累计发起 3096 个项目，筹集资金人民币 11.06 亿元[①]。股权众筹具有低成本和高效率的优势，特别适合中小企业、初创企业的融资需求，发展前景十分广阔。

2. 股权众筹中投资者权益受侵害风险较大

2008 年金融危机之后，保护投资者权益是金融业持续健康发展的必要条件已成为各界共识。然而，由于网络的虚拟性、信息的不对称以及众筹核心规则的缺失，股权众筹中投资者权益受侵害的风险较大。如资信不良的互联网众筹平台

[①] 相关数据引自零壹研究院数据中心 2015 年 10 月底出品的《中国互联网众筹行业 2015 年第三季度季度报告》的跟踪交易数据。

可能发布虚假的众筹项目骗取投资者的资金后卷款跑路，致使投资者血本无归，这不仅扰乱金融秩序，而且影响社会安定。备受瞩目的全国首例股权众筹案——北京诺米多餐饮管理有限公司与北京飞度网络科技有限公司合同纠纷引起舆论广泛关注，案件争议的焦点即在于股权众筹中是否存在合同欺诈，投资者的知情权是否受到侵害。处于发展初期的股权众筹行业，只有重视对投资者权益的保护，才能培育投资者的信心，获得投资者的支持，从而为行业发展提供源源不断的动力。因此，当前亟须加强股权众筹中投资者权益保护问题的研究，以推动股权众筹行业有序发展，维护金融秩序稳定。

（二）研究现状

1. 国内研究现状

由于股权众筹在国内发展的时间尚短，理论研究尚不充分，相关研究成果不多。梳理为数不多的研究成果，发现有如下特点：

（1）研究股权众筹运作模式的多，研究投资者权益保护的少。如冯世杰著"众筹网络融资平台运营模式的法律分析"，苏伦嘎、杨东著"股权众筹平台的运营模式及风险防范"等论文都侧重从运营模式角度对股权众筹进行探讨，而对投资者权益保护问题一笔带过，较少涉及。

（2）一般性研究金融消费者权益保护的多，研究股权众筹中投资者权益保护的少。如张继红著《金融消费者权益保障热点法律问题研究》，姚军、苏战超著"互联网金融视角下消费者权益保护"等论著都是侧重对金融投资者权益保护中的共性问题进行探讨，对股权众筹中投资者权益保护的个性问题较少涉及。

（3）对西方国家股权众筹中投资者权益保护相关措施进行介绍的多，结合我国国情进行本土化思考的少。例如，陈智鹏、梁家全著"论众筹投资者的法律保护：以美国 JOBS 法案为例"，胡诗雪著"众筹投资者风险及风险缓解机制：对美国众筹实践的一个观察"等论文均着重对西方国家股权众筹中投资者权益保护的举措进行介绍，而较少在我国国情和语境下进行深入思考。

2. 国外研究现状

股权众筹的理论与实践均发源于欧美，因此国外学者，尤其是欧美学者对股权众筹中投资者权益保护的理论研究较国内学者成熟。"他山之石，可以攻玉"，国外学者的研究成果可资为我国学者从事理论研究所借鉴。概括起来，国外对股权众筹中投资者权益保护问题的研究有如下一些特点：

（1）注重对股权众筹中筹资者信息披露义务的研究。由于筹资者与投资者在股权众筹项目上存在着信息不对称，投资者难以做出恰当的投资决定。因此，立法应对众筹筹资者科以一定程度的信息披露义务，以使投资者能够在掌握真实、全面、准确的信息基础上理性地做出投资决定。众筹立法要求筹资者披露的信息包括身份信息、管理人员信息、项目商业计划、财务状况等，并且筹资者应确保其信息披露不存在虚假记载、误导性陈述或重大遗漏。

（2）注重对股权众筹者投资者投资限额实施机制的研究。鉴于股权众筹蕴含的风险性，立法一般设置投资者在一定时期内投资股权众筹项目的投资限额，以使众筹投资风险能与投资者的财务能力与风险承受能力相匹配，维护投资者的利益。但是，实践中股权众筹平台众多，如何确保投资者在一定时期内在各平台的投资额度不超过法定限额，亟须考虑。如果众筹平台之间没有实现互联互通，那么只能由投资者自我证明没有超过法定投资限额。①

（3）注重对股权众筹平台义务的研究。股权众筹平台是众筹筹资者与投资者的连接点，股权众筹平台的规范管理对保护投资者权益至关重要。立法应设置股权众筹平台对筹资者及众筹项目的调查、审核义务，对投资者的教育与风险揭示义务，以及防范利益冲突等义务。②

（4）注重对股权众筹中纠纷解决机制的研究。无救济即无权利，只有建立有效的纠纷解决机制，才能在股权众筹投资者权益受侵害后及时维护其权利。可以考虑建立在线争议解决平台，使投资者能够高效、低廉地解决股权众筹中产生的纠纷，如此方有利于股权众筹行业的发展。③

（三）研究意义与创新

1. 研究股权众筹中的投资者权益保护问题具有理论层面的开拓意义

相对于股权众筹在实践中的迅猛发展，国内学界对股权众筹中投资者权益保护的理论研究略显滞后，存在大量研究空白。在理论研究难谓全面与深入的背景下进行本课题的研究，具有弥补理论研究稀薄之处的开拓性价值，创新性不言而喻。

2. 研究股权众筹中的投资者权益保护问题具有实践层面的指导意义

股权众筹行业的规范发展需要有法律和政策方面的制度设计指引，而任何成熟的制度设计都必须建立在坚实的理论基础之上。目前，我国股权众筹行业发展如火如荼，国务院明确提出了"开展股权众筹融资试点"的要求。为避免试点

---

① Brian Farnkoff. Crowdfunding for Biotechs: How the SEC's Proposed Rule May Undermine Capital Formation for Startups [J]. 30 J. Contemp. Health L. & Pol'y 131.

② Shekhar Darke. To Be or Not to Be a Funding Portal: Why Crowdfunding Platforms will become Broker - Dealers [J]. 10 Hastings Bus. L. J. 183.

③ Anjanette H. Raymond* and Abbey Stemler. Trusting Strangers: Dispute Resolution in the Crowd [J]. 16 Cardozo J. Conflict Resol. 357.

的盲目性，亟须建章立制，也就需要理论层面的指引。因此，本课题对股权众筹中的投资者权益保护问题进行系统研究，可为相关规则设计提供理论支持，有助于股权众筹融资的规范化，避免在试点中问题频出、多走弯路，具有鲜明的实践意义。

（四）研究思路

本课题研究的思路是在了解实践中股权众筹运行情况的基础上，归纳投资者权益受侵害的具体类型，分析其权益受侵害的原因，比较不同国家和地区股权众筹中投资者权益保护情况，分析各自异同，总结其中规律，以资为研究借鉴，寻求解决问题之道。

1. 研究股权众筹的基础理论

界定股权众筹的概念，厘清股权众筹的运行特点与操作流程，梳理国内外股权众筹的发展情况，是进行本课题研究的基础。只有明晰股权众筹的基础理论，才能使探讨投资者权益保护问题有所依托。

2. 研究股权众筹中投资者权益受侵害的具体类型

通过案例分析，归纳在股权众筹中投资者权益可能受侵害的类型，包括知情权、隐私权、资产安全权等受侵害，以便进一步有针对性地分析投资者权益受侵害的原因。

3. 典型案例研究股权众筹中投资者权益受侵害的原因

从监管者、融资者、投资者、众筹平台四方主体出发，多角度分析股权众筹中投资者权益受侵害的原因，以便进一步有针对性地分析保护投资者权益的应对措施。

4. 研究股权众筹中投资者权益保护的国外经验

"他山之石，可以攻玉"。通过分析欧美、日本等国对股权众筹投资者的保护举措，思考中国国情语境下在股权众筹投资者保护制度设计方面应当采取的态度与宗旨，以便进一步有针对性地提出解决问题的建议。

5. 结论与建议

在前文研究基础上，针对股权众筹中投资者权益可能受侵害的情形及原因，就股权众筹中投资者权益保护制度构建提出政策建议。

（五）研究方法

"工欲善其事，必先利其器"，本课题的开展，将综合运用文献调研法、横向比较法、规范与实证分析结合法、现代计量经济方法等多种研究方法，兹简要说明。

1. 文献调研法

通过对国内外学术界研究成果、欧美投资者保护最新立法、国内股权众筹实务资料等既有文献进行梳理分析，明确研究问题之所在、重点之所在，做到有的放矢，减少重复作业。

2. 横向比较法

由于股权众筹发展历史较短，不宜采用纵向比较，因此在对比论证中侧重于进行中外横向比较，着重探讨不同国别和经济背景导致的监管态度和保护方式的差异。

3. 规范与实证分析结合法

在分析现阶段国内股权众筹投资者保护面临的制度瓶颈问题方面，以剖析典型案例为主，偏重实证分析；在进行制度设计方面，侧重法学理论探讨，偏重规范分析。规范分析以实证分析作为经验支持，实证分析以规范分析为理论依托。

二、股权众筹的基本理论

（一）股权众筹的概念与特征

1. 股权众筹的概念

股权众筹，由"股权"与"众筹"两个名词复合构成。股权是指因投资而发生，投资者对投资企业所享有的分红权、剩余资产分配权、管理权等形成的权利束。众筹，顾名思义，是指向公众筹集资金。股权众筹，自融资者一方而言，意指通过股权众筹平台向投资者转让股权，以获取资金的筹资方式；自投资者一方而言，则指通过股权众筹平台购买融资者的股权，以获得股权增值收益的投资方式。这两种定义只是观察的角度不一致，无本质区别。

从定义看，在股权众筹存在融资者、投资者和众筹平台三方核心主体，从而形成多重法律关系。众筹平台为融资者发布众筹项目信息，促成交易缔结，二者是居间合同关系。同理，众筹平台为投资者提供投资的媒介服务，促成交易缔结，二者同样是居间合同关系。在融资者与投资者之间，筹资的企业转让股权，投资者交付资金，二者构成股权转让关系。

2. 股权众筹的特征

特征是一事物区别于其他事物的不同之处。除股权众筹外，在众筹中还有捐赠众筹、预付众筹、借贷众筹等其他方式。与这些众筹方式相比，股权众筹有自身的特征。

（1）有偿性。有偿性是股权众筹区别于捐赠众筹的特征。在捐赠众筹中，公众向融资者交付资金，纯粹是为了支持众筹项目发展而不求回报，具有无偿性。与之不同，股权众筹中公众向融资者交付资金，是以取得筹资企业的股权为对价，具有有偿性。

（2）投资性。投资性是股权众筹区别于预付众筹的特征。在预付众筹中，公众向融资者交付资金，是为了预付资金购买某种心仪的产品或服务，而不是获得未来的资金收益，不具有投资性。与之不同，股权众筹中公众向融资者交付资金，就是为了获得未来的股权增值收益，具有鲜明的投资性。

（3）非偿还性。非偿还性是股权众筹区别于借贷众筹的特征。借贷众筹的典型模式就是 P2P。在 P2P 中，融资者在借贷期限届满后须向投资者还本付息，投资者通过出借资金的利息收入获得收益。在股权中，融资者不负有到期还本付息的义务，投资者通过股权增值并转让获得收益。

（二）股权众筹的运作模式

股权众筹的运作，主要有"基金模式"与"合投模式"两类。① 在基金模式中，投资者将资金交由众筹平台托管，并负责选择投资项目。在项目的筹资完成后，由众筹平台新设立一个独立的基金作为单一股东持有筹资企业的股份，并由众筹平台代表投资者进行后续的监督管理，投资者对筹资企业没有投票权等管理权利。基金模式的优势在于，企业在筹资后只需面对一家股东，降低了股东人数众多、股权分散带来的管理成本。但在基金中模式中，众筹平台需承担挑选项目、成立基金、监督管理等多项职责，对众筹平台本身的要求较高。

在合投模式中，一般由领投人负责挑选和审核项目，并首先认投融资金额的一定比例，剩余部分由跟投人跟投。在项目的筹资完成后，由领投人具体负责将资金投入到筹资企业，并进行后续的监督管理。作为领投人，将可以获得投资收益中一定比例的资金作为回报。合投模式的优势在于，领投人可以摆脱自身资金不足的窘境，并且可以通过合投降低投资风险，跟投人则减少了挑选和审核项目的成本，通过跟随专业领投人的投资降低投资风险，从而形成领投人与跟投人双赢格局。但在合投模式中，项目能够成功很大程度上依赖于领投人，若领投人良莠不齐，则保护作为跟投人的中小投资者的权益存有疑难。

在国外的股权众筹中，基金模式和合投模式都普遍存在，前者如 Wefounder 众筹平台，后者如 Angellist 众筹平台。在我国的股权众筹实践中，大多采用"领

---

① 《股权众筹市场及经营模式分析：风控是成功的必要条件》，未央网，http://stock.sohu.com/20150407/n410888601.shtml，2015 - 07 - 21。

投 + 跟投"的合投模式，如天使汇、大家投众筹平台。由于我国广大中小投资者的投资经验和投资能力往往不足，他们很难独立地去判断、挑选投资项目，而合投模式中由领投人判断、挑选和管理项目，恰好克服了此种缺陷。因此，采用合投模式目前较符合我国国情（见表1）。

表1　大家投众筹平台对领投人与跟投人的要求①

	资质要求	职责
领投人	须满足如下条件之一： ①两年以上天使基金、早期 VC 基金经理级以上岗位从业经验 ②两年以上创业经验（只限第一创始人经验） ③三年以上企业总监级以上岗位工作经验 ④五年以上企业经理级岗位工作经验 ⑤有两个以上天使投资案例	①负责项目分析、尽职调查、项目估值议价、投后管理等事宜 ②向项目跟投人提供项目分析与尽职调查结论，帮助创业者尽快实现项目成功融资 ③帮助创业者维护协调好融资成功后的投资人关系 ④对单个项目最低领投项目融资额度的5%，最高领投项目融资额度的50%
跟投人	须满足如下条件： ①提供身份证 ②提供手机号	最低跟投项目融资额度的2%

（三）股权众筹的发展情况

1. 国外股权众筹发展情况

2009 年全球第一家众筹网站 kickstarter 在美国诞生，2012 年 4 月，美国通过了《创业企业融资法案》（Jumpstart Our Business Startups Act，JOBS 法案），从立法上明确允许初创企业通过股权众筹方式筹集资本。美国的股权众筹开始迅速发展，涌现出诸如 Wefounder、Angellist 等著名的股权众筹平台。2013 年美国股权众筹市场交易额超过 1 亿美元。2015 年 10 月 30 日，美国正式通过 JOBS 法案第三章（ACT Title Ⅲ），取消了以往投资者必须为认证合格投资人（Accredited Investor）的限制，正式对普通大众开放众筹投资。

早在 2012 年，欧洲众筹市场规模就已达到 9.45 亿美元，年增长率为65%。② 在多种众筹方式中，股权众筹是欧洲众筹市场中最为重要的方式，英国、法国、

---

① 根据大家投网站资料整理，http：//www. dajiatou. com/help – 17. html，2015 年 7 月 11 日访问。

② Massolution. 2013CF – Crowdfunding Industry Report ［EB/OL］. http：//www. prnewswire. com/news – releases/crowdfunding – market – grows – 81 – in – 2012 – crowdfunding – platforms – raise – 27 – billion – and – fund – more – than – one – million – campaigns – finds – research – firm – massolution – 201911701. html，2015 – 07 – 21.

德国等资本市场活跃的国家有多家股权众筹平台。其中，成立于 2010 年 10 月的英国 Crowdcube 是全球第一家股权众筹平台，截至 2014 年 7 月，该公司已为超过130 家公司募集到约 3000 万英镑的资金。总体而言，欧洲的股权众筹市场体现出明显的参差不齐走势。其中，法国、德国和英国无论是在平台数量、众筹模式还是项目规模方面发展都十分迅速，众筹已成为其金融市场的重要组成部分；匈牙利、拉脱维亚等国只有捐赠或奖励类众筹，与投资或金融基本无关；而克罗地亚、立陶宛、卢森堡、斯洛伐克和斯洛文尼亚根本没有任何众筹平台。

2. 国内股权众筹发展情况

2011 年 5 月，国内首个众筹平台"点名时间"正式成立，被称为中国的 kickstarter①。中国股权众筹起步虽较欧美晚，但发展却十分迅速。2013 年"众筹元年"之后，各股权众筹平台渐次出现。自 2014 年 11 月 19 日李克强总理首次在国务院文件中提出"开展股权众筹融资试点"及中国证券业协会于 2014 年 12 月 18 日发布《私募股权众筹监督管理办法（试行）征求意见稿》以后，股权众筹在国内有了一个更加迅猛的发展。2015 年 1~7 月国内新增股权众筹平台 38 家，在京东、阿里、平安等巨头及京北众筹、合伙圈、36 氪、中科招商等新秀先后宣布杀入股权众筹领域后，全国股权众筹平台已达 113 家，股权众筹融资额累计已达 45.76 亿元②，2015 年也因此被称为股权众筹元年。2013 年 10 月，世界银行发布报告，预计中国众筹市场规模将于十年内达到 500 亿元，占全球众筹市场一半以上。

2015 年 7 月 18 日，中国人民银行、工业和信息化部等十部委联合下发《关于促进互联网金融健康发展的指导意见》，旗帜鲜明地提出"支持互联网企业依法合规设立股权众筹融资平台，建立服务实体经济的多层次金融服务体系，更好地满足中小微企业和个人投融资需求，进一步拓展普惠金融的广度和深度"。同时，指导意见明确了股权众筹的"公开、小额、大众"三大特征，并确定证监会为股权众筹的监管部门。

（四）股权众筹中金融投资者与消费者概念之厘清

1. 传统观点

我国学术界传统观点认为，消费者与投资者是不同的概念，消费者从市场上购买商品与服务产品的目的很大程度上是由于生活所需，消费者关注的是商品与

---

① 由于流量不足、缺少盈利模式等多方面原因，"点名时间"已于 2014 年 11 月转型为"限时预售"的电商平台。

② 相关数据引自上海交通大学互联网金融研究所、北京京北金融有限责任公司联合出品的《中国股权众筹发展报告》第一章。

服务的使用价值，而对于购买金融服务的投资者来说，其看重的是金融产品价值的增加。同时我国《消费者权益保护法》始终将消费者定义为"为生活消费需要购买、使用商品或者接受服务的主体"，股票、基金等金融消费显然不属于"生活消费"的范畴，因此学术界通常不倾向于将消费者的概念进行扩大解释。过往的司法实践也较为支持该类观点①。

2. 国际立法发展

在经历全球性金融危机后，许多国家和地区加快金融消费者保护立法，明确接受了金融消费者的术语，明确规定了金融消费者的权利，最终实现了金融消费者从生活向法律的转变。英国最先在《金融服务与市场法》中写入了"金融消费者"的概念，规定了金融消费者的含义及其主要权利。美国也于2010年7月通过《多德—弗兰克华尔街改革与消费者权益保护法案》，并设立专门的消费者金融保护局，负责根据联邦消费者金融法对兜售或者提供消费者金融产品或服务的行为进行监管。在东亚地区，日本和韩国分别制定了《金融商品交易法》和《关于资本市场与金融投资业的法律》。

3. 我国现行立法态度

尽管2014年新修订《消费者权益保护法》未对消费者概念进行调整，但该法第二十八条对提供证券、保险、银行等金融服务的经营者提出了"应当向消费者提供经营地址、联系方式、商品或者服务的数量和质量、价款或者费用、履行期限和方式、安全注意事项和风险警示、售后服务、民事责任等信息"的具体要求。可见，现行立法已经逐步将金融消费者乃至金融投资者纳入消费者权益保护的范畴。

事实上，现代社会的消费者已广泛借助金融商品满足其消费需求。同时，金融服务者日渐的业务交叉与金融创新加速，使其所提供的金融商品及金融服务日益综合化，金融消费已进入日常生活的方方面面并与生活消费结为一体。因此，已无必要在理论上过于强调金融投资者与消费者的本质区别。

三、股权众筹中投资者被侵权的主要类型及案例分析

股权众筹作为一种新型融资模式，从融资者角度具有门槛低、效率高、动员广泛等特点，有利于快速筹集所需资金。但是，股权众筹作为一种新生事物，不论是从法制建设还是监督管理来看都相对薄弱，因此投资者权益受到侵害的风险

较大。

投资者参与股权众筹融资活动的主要风险：一是众筹平台的法律地位不明确，参与各方的合法权益得不到有效保障；二是业务边界模糊，容易演化为非法集资等违法犯罪活动；三是众筹平台良莠不齐，潜在的资金欺诈等风险不容忽视。实践中，股权众筹活动中投资者的知情权、隐私权、资产安全保障权、公平交易权和依法求偿权等权益难以得到有效保障。

（一）风险提示权

1. 股权众筹中的风险提示权

风险提示权是指投资者在参与股权众筹和接受相关服务时知悉真实情况并获得风险提示的权利。股权众筹属于风险偏大的互联网投资类型。过程中，由于融资者、平台方与投资者之间获得的信息不对等，融资者和平台方拥有更多的信息，而投资者拥有较少的信息。因此，融资者或平台方有可能利用信息优势故意隐瞒有关重要信息，导致投资者的知情权和风险提示权受到损害。

股权众筹中的信息不完全主要是指投资者所获取的信息不够充分，随着项目的推进其他重要信息才会逐渐显现，导致投资者的知情权受到损害，进而造成其他损失。

2. 风险提示权受到侵害的主要类型

股权众筹中投资者或者消费者知情权受到侵害主要有如下两种表现：

一是融资者或平台方故意隐瞒项目的关键信息，特别是负面信息，干扰投资者或者消费者的决策。在这种情况下，投资者或者消费者往往只能关注到项目的正面信息，投资或者消费的预期被错误引导，被迫忽略掉项目存在的问题和风险，导致不理性地投资或消费，最终造成风险。

二是融资者或平台方发布的项目信息含有虚假成分，存在夸大事实、虚报情况的问题。在这种情况下，投资者或者消费者参与众筹后会发现，实际参与的项目与当初描述的不符，参与项目所获得的收益与当初承诺的不符。

3. 典型案例与分析①

备受瞩目的全国首例股权众筹案——"北京诺米多餐饮管理有限公司（以下简称诺米多公司）与北京飞度网络科技有限公司（以下简称飞度公司）合同纠纷"案于 2015 年 8 月 20 日在海淀区人民法院开庭审理，本案件争议的焦点之一在于股权众筹中是否存在合同欺诈，投资者的知情权是否受到侵害。

2015 年 1 月 21 日，诺米多公司与运营"人人投"股权众筹平台的飞度公司

---

① 案情摘自《新京报》2015 年 9 月 15 日，原标题为"股权众筹第一案宣判，众筹融资合同确认有效"。

签订《委托融资服务协议》，委托飞度公司在网络上融资 88 万元（含诺米多公司自身投资 17.6 万元），用于设立有限合伙企业开办"排骨诺米多健康快时尚餐厅"合伙店。签署协议后，诺米多公司向飞度公司合作单位"易宝支付"充值 17.6 万元，完成项目选址、房屋租赁以及公示等，并积极推进装修工作，计划如期开业。飞度公司通过"人人投"平台向众多潜在投资者发布设立该项目的有限合伙企业股权融资信息，最终为 86 位投资者认购了总额为 70.4 万元股权融资并已实际付款。但在装修期间，飞度公司提出诺米多公司承租房屋存在违建、无房产证以及租金过高等问题，认为诺米多公司未能如实提供信息，侵害了其知情权，决定终止合作并提出赔偿。解除合同后，飞度公司起诉诺米多公司支付委托融资费以及违约金 10.77 万元，诺米多公司则以违约为由提出反诉，要求飞度公司返还 17.6 万元并支付相应利息，同时赔偿诺米多公司损失 5 万元。

同年 9 月 15 日下午，北京市海淀区法院就此案作出一审判决，判决首先确认双方的众筹融资合同有效，同时指出，诺米多公司存在信息披露不实的情况并可能导致交易风险，直接导致交易各方的信任关系丧失，诺米多公司应为合同的不能履行承担更大的责任。法院判决诺米多公司给付原告北京飞度公司委托融资费用 25200 元以及违约金 15000 元，飞度公司返还诺米多公司出资款 167200 元。

（二）信息保护权

1. 股权众筹中的信息保护权

信息保护权是指投资者在参与股权众筹和接受相关服务时相关信息不受侵害的权利。股权众筹的投资人通常是具备一定投资能力的高净值人士或机构，在平台注册认证的过程中需要提交身份、收入等诸多事关切身利益与隐私的信息。由于目前股权众筹的相关法律规范相对缺失，在股权众筹过程中，融资方与平台方采集投资方信息的范围没有明确规定，采集后投资方信息使用的界限没有明确划定。因此，投资者或者消费者在股权众筹中的隐私权难以得到保障。

特别是，随着近年来大数据应用的不断广泛，促使融资者和平台方尽可能多地收集投资者或者消费者的信息。另外，不法用途的增加，也使得隐私权损害的风险加大。

2. 信息保护权受到侵害的主要类型

股权众筹中投资者或者消费者信息保护权受到侵害主要有如下几种表现：

一是融资者或平台方未经投资者或消费者同意，故意收集与项目无关的隐私信息，用于数据挖掘。这种行为并不对投资者或消费者的利益造成直接的损害，隐蔽性较强。但信息获取者却可以利用大数据分析的结果获得各类利益，间接损害了投资者和消费者的隐私权。

二是不法分子出售投资者或消费者的隐私信息牟利。当前，网上各类消费者隐私信息被出售的案件屡禁不绝，信息被用来非法申请银行卡、电话推销等用途。虽然目前尚未发生借股权众筹收集并出售消费者信息的恶性案件，但这类风险值得警惕。

3. 典型案例与分析

最近几年，泄露网络用户个人隐私信息的情况屡屡发生，股权众筹作为互联网金融的一种新兴模式，有必要对其他网络消费中个人信息泄露问题进行借鉴研究。2012年中消协公布的网络消费安全典型案例中，就有消费者个人信息被非法泄露的情形：作为消费者的许小姐曾经在某网站购买过化妆品，自那以后就经常接到各类广告、推销的电话和短信，随后许小姐意识到应该是该网站将其信息泄露。而在向该网站提出质疑后，许小姐得到的回复却是网站否认有泄露信息的行为，也不为侵权行为负责。因为许小姐不能提供有效的证据证明是由该网站泄露的隐私信息，使得许小姐的维权道路充满了艰辛，最后许小姐只能以更换手机号码的方式来结束骚扰。

在被誉为"网络未来的发展趋势"的电子商务蓬勃发展的今天，网络消费中的消费者仍在为个人隐私信息安全埋单，个人信息被泄露、不合理收集和使用案例依旧层出不穷，这不仅说明我国目前的网络消费者个人信息保护的相关法律需要加强和完善，也体现了我国互联网行业中消费者隐私权保护刻不容缓的现状。

（三）资产保障权

1. 股权众筹中的资产保障权

资产保障权是指投资者参与股权众筹和接受相关服务时资产安全不受损害的权利。相对于成熟的投资方式具有严格的资金托管规定和风险补偿机制，股权众筹的资金管理与风险防范基本上还属于无序的阶段，主要靠融资者和平台方的自我道德约束。因此，投资者资产安全保障权被侵害的风险较大。

特别是，实践中股权众筹中的资金支付等活动主要通过第三方支付机构完成①。若采用网关支付等模式直接完成银行账户之间的划转，风险相对较小。但如果采用开立支付账户的模式，由支付机构托管众筹资金，那么在原先风险的基础上则又引入了支付机构备付金管理的风险，无法起到防火墙的隔离作用，值得关注。

2. 资产保障权受到侵害的主要类型

股权众筹中投资者或者消费者资产安全保障权受到侵害主要有如下几种

---

① 尽管2015年出台的十部委《关于促进互联网金融健康发展的指导意见》中明确规定P2P、股权众筹等互联网金融平台资金应当由商业银行进行托管，但在细化规则出台之前，由于银行意愿等多种原因，第三方支付平台仍然是股权众筹平台的主流资金托管机构。

表现：

一是实际收益与承诺不符。股权众筹在募集资金时往往存在夸大收益和美化成果的现象，最终的实际收益达不到当初的宣传，或者获得产品的工业设计和实用功能无法实现承诺。由此，投资者或消费者资产的收益受到损失，影响了资产本应获得的增值能力。

二是投资者或消费者资金被非法占用。由于股权众筹中的资金管理无据可依，因此融资者和平台方对于资金的使用约束较少。不论资金管理者将资金挪作他用，还是将资金据为己有，都很难在事前或者事中被发现，存在较大的隐患。在既无制度规范又无有效监管的条件下，难以避免诈骗等案件的发生。

三是股权众筹平台关停"跑路"。目前，建立股权众筹平台没有可遵循的制度依据，门槛极低，给违法犯罪分子留下了空间。前期，国内多家P2P平台关停"跑路"，给投资者造成了损失，在一定程度上引发了公众的关注。在目前相对无序的环境中，股权众筹平台将来不排除也会爆发类似的事件，威胁投资者或消费者的资产安全。

3. 典型案例与分析①

曾经从五道口风靡北京的"西少爷"肉夹馍店因一封追讨众筹款项的公开信，又着实火了一把，同时也折射出规范股权众筹操作、保护众筹股东权益的迫切性。2014年4月，当时微信朋友圈内一篇名为《我为什么辞职卖肉夹馍?》的帖子被网友大量转发，内容是讲述孟兵、罗高景与宋鑫等4名西安交大毕业生，辞去在BAT（百度、阿里与腾讯）的工作，在北京开了家西少爷肉夹馍店。此帖经媒体报道后，西少爷肉夹馍迅速走红，吸引众多食客慕名而来，这几个合伙人更是作为互联网创业佼佼者，接受了中央电视台采访。

不过，正当西少爷迈入黄金发展期之时，2014年9月，合伙人宋鑫的出走让团队内部矛盾开始展露。在此次网络发难中宋鑫提出：公司初创时曾在2013年和2014年5月发起过两次股权众筹，共筹得85万元。但是西少爷一直没有公开财报，分红等诸项事宜也并未跟进。首先，希望西少爷拿出一份完整的财务报表，把公司财务状况理清楚，不能以财务正在核算作为借口拖延。其次，参与众筹的合作伙伴的股权变更或分红必须得到公平处理，若股东退出也要给予合理价格补偿。而西少爷团队和孟兵的说法却是，对方未能提供有效的转账凭证。据调查，当时西少爷的创始资金是由三个创始人——孟兵、罗高景、宋鑫分别通过自己的朋友圈筹到的，并承诺给予投资人股份。由于没有公司账户，哪个创始人所筹到的钱就转到哪个创始人的个人账户中。

---

① 案情摘自《渤海早报》2014年11月27日第18版，原标题为"西少爷散伙的启示"。

股权众筹之所以出现上述管理和权利问题，本质上是在众筹过程中公司的股权架构、权益分配及治理模式等方面存在设计缺陷，导致对于众筹人的资产安全保障权保护缺乏有效的保障。

(四) 公平交易权

1. 股权众筹中的公平交易权

公平交易权是指投资者参与股权众筹和接受相关服务时获得质量保障、价格合理、公平对待的权利。

为了保证公平交易权的落实，交易双方应订立地位平等的合同契约，规定好双方在交易等各个环节的权利与义务关系，并充分落实。然而，在股权众筹中合同的形式被简化，甚至被广告宣传和承诺所取代，而投资者在参与过程中也很少采取和在传统交易中一样认真严谨的态度。相反，在股权众筹中投资者往往抱有投资、消费与体验、娱乐并存的心态，相对忽视公平交易的权利，导致自身的利益遭受损害。

2. 公平交易权受到侵害的主要类型

股权众筹中投资者公平交易权受到侵害主要有如下几种表现：

一是融资者和平台方随意差别对待投资者。由于在股权融资中合同形式相对虚化，互联网营销的思维被充分应用。融资者和平台方往往会根据销售或融资目标不定期地开展各类促销优惠活动。比如在项目初期，为了聚拢人气提出限时优惠条件，或者在项目融资收尾阶段，为了加快进度进行优惠促销，这实际上侵犯了其他参与者公平交易的权利。其他参与者为获得同样的投资品或服务付出了更高的价格，但在互联网环境下，这种情况往往被投资者忽略。

二是融资者和平台方与投资者在交易中的关系不对等。融资者和平台方很少与投资者签订形式规范、内容严谨的合同或协议，为自己留下了宽松的操作与解释空间。同时，股权众筹中所有的文字形式的协议和其他材料均由融资者或平台方单方面拟定，不可能征求投资者的意见或另行在签约时展开协商和谈判，因此两者也不存在对等的交易关系。

3. 典型案例与分析

网络交易中消费者的公平交易权受到侵害的例子对股权众筹消费者权益保护有很好的借鉴作用。

案例1：上海诺盛律师事务所在京东商城网站购买了一台"美的"转叶扇，在安装过程中发现电扇撑杆存在缺陷，随即提出换货，但京东商城所属的圆迈公司予以拒绝，理由是电子合同条款约定，"为了享受商品的正常质保，我们建议将发票开具为商品明细，否则您将无法享受产品厂商或京东商城的正常质保"，而发票载明的货物名称却为办公用品。因此诺盛律所起诉要求换货，并确认上述格式条款无效。这一案件反映出网购中大多数消费者都会遇到的问题，网上店铺大多通过网店公示、不显眼的购物条款链接等消费者不容易获取的方式设定不利于消费者的条款，以点击购买即表示默认的方式使得消费者在不知情的情况下达成交易，事后又由于交涉失败投诉渠道不畅等原因不得不吃下哑巴亏。

案例 2： 如今团购备受青睐，比如 3～4 人的套餐，原价 300～400 元，团购打 3 折，变成 100 元左右，简直是天上掉下的馅饼，太便宜了。可消费者在消费团购餐后才发现，这个馅饼太小了！有网友在网上发帖说，她去年团购的 10 多张优惠券中，就有不少存在"产品和服务描述与实际获得不符合"情况，最憋屈的是一次她在某团购网站团了一张"原价 588 元的 100 元日式料理餐券"，去吃了以后才发现上当了，许多高价菜像三文鱼等全都"缺货"。网络团购的实质是让消费者以低价享受到与原价相同质量的服务，但实际生活中许多团购网络经营者与商家视消费者的公平交易权而不见，将团购券消费与普通消费区别对待，侵害了团购消费者的公平交易权。

（五）依法求偿权

1. 股权众筹中的依法求偿权

依法求偿权是指投资者参与股权众筹和接受相关服务过程中如遇人身、财产损害时，享有的要求获得赔偿的权利。

在传统交易中，交易对象及办公场所相对明确，同时传统交易在一定程度上受到地域交通的限制，交易双方的关联性较强。因此，一旦发生违约行为，求偿相对容易。然而股权众筹一般依托互联网平台进行，交易双方互不相见，均不了解对方真实信息，甚至平台方的资质与可信程度也值得警惕，求偿难度较大。同时，互联网平台上的股权众筹项目签约方式相对随意，并不遵循法律规定，未应用和留存可靠合规的电子签名。一旦产生纠纷，相关协议和承诺的效力难以保证，为求偿添置了障碍。

2. 依法求偿权受到侵害的主要类型

股权众筹中投资者或者消费者求偿权受到侵害主要有如下几种表现：

一是发生纠纷后，融资者与平台方难以寻找。对于网络平台上股权众筹的项目，投资者或消费者很少当面约见融资者或实地考察项目，实际上并不认识融资者，也不了解融资者的真实信息。在这种情况下，发生纠纷后往往求偿无门，因此求偿权难以得到保证。

二是发生纠纷后，投资者或消费者难以举证。由于股权众筹很少签订规范的、具有较强约束力的合同或协议，且签名方式的合法有效性尚待论证。因此，一旦发生纠纷，投资者或消费者很难举证对方违反了合同或协议的某项内容，给求偿权的运用留下隐患。

3. 典型案例与分析

2014 年互联网金融蓬勃发展，但由于网贷发展还处于初级阶段，缺乏相关部门的监管，法律政策等也相对匮乏，平台跑路事件频频发生。截至 2014 年 12 月，出现提现困难、倒闭、跑路等问题的平台已达 388 家。排名第一的平台是台州的恒金贷，它注册资金 5000 万元，上午上线，下午就跑路了。2014 年 6 月 27 日恒金贷 P2P 平台开业，并发布公告称将举行连续三天的优惠活动，但当天下午网站就打不开了。业内人士表示，开业第一天就跑路，该平台创下了 P2P 的一个短命历史纪录。排名第二的是深圳的元一创投，上线运营仅 1 天，平台老板就携投资人 30 万元潜逃，全国各地受害者约 30 人，累计损失 30 余万元，其中损失最大的约有 10 万元。紧随其后的是上线两天就跑路的银银贷、龙华贷与上线三天就跑路的福翔创投。银银贷推出的产品最高收益率达 32%，被骗的投资者有几十个人。在监管未明、行业门槛低的情况下，投资者的求偿权无法从根本上得到有效保障。这些案例对于研究如何更好保障股权众筹投资者权益有很好的警醒和借鉴意义。

四、股权众筹投资者保护的监管现状和国际监管经验

（一）国内股权众筹投资者保护的监管现状

（1）2014 年 12 月 18 日，为促进创新创业和互联网金融健康发展，保护投资者合法权益，防范金融风险，中国证券业协会发布《私募股权众筹监督管理办法（试行）征求意见稿》，在一定程度上以准官方的形式结束了股权众筹的立法真空状态。

关于股权众筹投资者保护问题，征求意见稿做了三个方面的制度安排：一是明确并非所有普通大众都可以参与股权众筹，要求涉众型平台必须充分了解，并有充分理由确定其具有必要的风险认知能力和风险承受能力；二是以平台为自律管理抓手，要求其有能力判定投资者识别风险和承担风险的能力，有能力承担可能出现的涉众风险，实现投资者资金和平台资金的有效隔离；三是要求融资者适当程度的信息披露。

但征求意见稿下发之后，中国证券业协会一直未正式出台管理办法。2015 年 8 月 7 日，中国证监会发布《关于对通过互联网开展股权融资活动的机构进行

专项检查的通知》，将征求意见稿中定义的"私募股权众筹"排除在了股权众筹范围之外，同时严禁任何机构和个人以股权众筹名义从事非法发行股票活动，引发各界纷纷议论。

（2）2015 年 7 月 18 日，中国人民银行、工业和信息化部等十部委联合下发的《关于促进互联网金融健康发展的指导意见》中，关于股权众筹中投资者保护的内容，一是强调融资方的真实披露义务，要求融资方应通过平台向投资者如实披露企业的商业模式、经营管理、财务状况、资金使用等关键信息，不得误导或欺诈投资者；二是突出投资者的风险意识，要求投资者充分了解股权众筹的风险，具备相应风险承受能力。

此外，指导意见还专设"消费者权益保护"一节，要求各监管部门研究制定互联网金融消费者教育规划，及时发布维权信息；加强互联网金融产品合同内容、免责条款规定等与消费者利益相关的信息披露工作；构建在线争议解决、现场接待受理、监管部门受理投诉、第三方调解及仲裁、诉讼等多元化纠纷解决机制等内容。

但总体而言，指导意见属于原则性、框架性规定，实践中真正发挥作用的投资者保护制度仍需证监会制定相关实施细则。

（二）股权众筹投资者保护的国际监管经验

在立法进程上，一些国家或地区已出台或正在推进相关立法，例如美国、英国、法国、意大利、加拿大、西班牙、日本、韩国等，或制定新法规或修订原有法规以适用股权众筹这一新型融资模式。启动股权众筹立法最早的是美国，于 2012 年推出了 JOBS 法案。意大利则在 2013 年 7 月率先签署了 Decreto Crescita Bis 法案及监管细则，成为世界上第一个将股权众筹合法化的国家。除上述国家外，一些国家或地区认为现阶段行业发展不明朗，不急于采取立法措施，而是援引现有法律法规对股权众筹进行监管，例如德国、中国香港、巴西等。也有一些国家目前尚不存在对股权众筹立法的需求。

1. 美国

2012 年，美国通过了《创业企业融资法案》（JOBS 法案），该法案放开了众筹股权融资，2015 年 10 月 30 日，美国正式通过 JOBS 法案第三章（ACT Title Ⅲ），取消了以往投资者必须为认证合格投资人（Accredited Investor）的限制，正式对普通大众开放众筹投资。同时，法案在保护投资者利益方面做出若干规定。

一是对筹资和投资分别设置最高限额。JOBS 法案要求创业公司和小企业作为筹资者，每年通过众筹平台募集不超过 100 万美元的资金；年收入不足 10 万美元的投资人所投金额不得超过 2000 美元或其年收入的 5%（两者之间的大数），年收入超过 10 万美元的投资人可以用其收入的 10% 或个人净资产的 10%（两者之间的小数）用于此类投资。

二是高度强化筹资人的信息披露义务。JOBS 法案对于筹资人，明确了四点要求：①筹资人的基本信息，如名称、法律身份、经营地址和网址、董事、高管及大额投资者（持股超过 20%）个人信息、财务状况说明和未来商业计划。②筹资的目的和资金用途，此类信息需定期更新。③筹资人的所有权和资本结构，包括发行条款、种类、数量、时间等。④向投资人进行风险提示。

三是对筹资人及众筹平台的行为作出大量限制。首先，筹资人不能进行广告和促销。JOBS 法案拓宽了针对合格投资者的宣传渠道，但对于众筹仍限于在其融资门户网站范围内，而不能通过电视、报纸等传统渠道进行广告。未经 SEC 允许，筹资人也不能通过平台向他人支付报酬进行促销。这些措施便于 SEC 进行市场监测，防范虚假信息的传播。其次，保持众筹平台的独立性。禁止集资门户为投资者提供投资建议或在其网站上提供诱使购买相关的信息，也不能为诱使筹资的投资者、代理人或他人提供补偿，同时排除其董事、职员或合伙人与筹资人之间存在经济利益关系。

四是突出众筹平台的义务。①必须通过 SEC 注册。②确保投资者回答一份调查问卷，以保证其理解投资的风险等级、流动性风险及可能遭受的损失等；安排投资者教育，确保其熟知投资行为的必要信息。③为降低欺诈风险而履行尽职调查的义务，包括对筹资发起者、发行人的董事及大额投资者进行背景调查。④要保证投资者在目标融资额度完成之前，有机会撤回投资承诺，因此，其不得提前向筹资人转移资金。⑤确保投资者的年度投资额度在法案规定的范围之内。⑥在融资开始之前进行信息披露，且在三周内不得进行融资交易。

五是切实保障投资者的隐私权。JOBS 法案规定筹资人必须严格保护从投资者处获得的相关信息，禁止任何人通过将潜在投资者的个人信息提供给众筹融资的经纪商或门户网站而获得补偿。

2. 欧盟国家①

目前，欧盟各国的众筹活动呈多样化和规模化发展趋势，监管者重点集中在涉及金融和投资的众筹服务，然而由于不同国家众筹的市场情况和需求存在差异，各国的监管标准也很不一致。呈明显的监管碎片化趋势。

（1）英国。英国作为股权众筹的发源地，金融行为管理局（FCA）的基本态度是：众筹平台应确保投资者能够理解并承受该模式蕴含的风险，监管机构会

---

① 顾晨：《欧洲众筹市场现状与监管评述》，http://finance.qq.com/a/20141103/023695.html，2015 年 9 月 1 日访问。

积极寻找保护投资者权益的有效方式，但不会设置更多限制条件阻碍众筹平台发展。FCA 于 2014 年 3 月出台《关于网络众筹和通过其他方式发行不易变现证券的监管规则》，针对投资者保护，确定了两条重要规则。

一是"10%"规则。FCA 认为众筹平台活动属于"直接要约型金融促销"，其投资者必须是年收入超过 10 万英镑或净资产超过 25 万英镑（不含常住房产、养老保险金），或者是经过 FCA 授权机构认证的成熟投资者。其中，非成熟投资者（投资众筹项目两个以下）的投资额不得超过其净资产的 10%；众筹平台需要对项目进行说明，但如果涉及投资建议，则必须向 FCA 申请授权。

二是"合格性测试"规则。FCA 要求众筹平台需要对客户进行适当性评估，确保其提供的投资品风险与客户的学识经验和风险承受能力相适应。这意味着投资型众筹平台公司需要：①获取投资者的信息，包括投资情况和投资经验；②评估投资者对历史交易数量和类型的了解程度，对投资服务的熟悉程度以及相关的资格条件；③发现该笔投资交易不适合投资者则发出警告。

此外，英国有专门的众筹行业协会对行业进行自律监管，各种众筹平台自愿申请加入，所有会员必须遵守关于资金存管、平台的信息披露、平台停运后的处置、平台人员资质、IT 流程等自律规则。

（2）其他欧盟国家。在监管主体上，欧盟不同国家间的监管主体并非完全一一对应，如捷克负责对众筹进行金融服务监管的部门是央行，德国对众筹平台汇款问题的监管主体在金融管理局 BaFin，奥地利对众筹问题统一由金融服务主管部门 FSMA 管理。行政部门架构的不同，会对将来在欧盟层面统一众筹监管标准带来一些组织上的障碍。

涉及投资者保护的内容主要体现在筹资者的说明义务上，其负有发布说明书的义务，并对义务和豁免规定了最低标准。欧盟规定发行 500 万欧元以上的发行人必须履行说明书义务，发行 10 万欧元以下的一律予以豁免，而数额在两者之间的发行可由各国自行规定豁免标准。大部分国家采取欧盟法的一般豁免标准，少数国家提高了享受豁免的上限，降低了小规模融资的成本，对小微企业起到鼓励作用，如奥地利将豁免上限设为 25 万欧元，芬兰 150 万欧元，荷兰和瑞典为 250 万欧元，而意大利则直接将上限提高至 500 万欧元。同时，一些国家还对不超过一定数量对象的发行予以豁免，如比利时规定一个项目只面向每个成员国不超过 150 个自然人或法人发行时可免于义务，法国规定只面向合格投资者和其他不超过 149 个普通投资者的项目可免于义务。此外，一些国家还对特定模式的发行予以豁免，如德国规定，对发行后偿债务的借贷型项目予以豁免，西班牙则对"联合账户"模式的借贷众筹予以豁免。

3. 日本

日本 2014 年 5 月正式发布《金融商品交易法等部分修改法案》，将通过网络等进行有价证券的公募或私募定义为"电子募集处理业务",而借由网络等进行小额投资的股权众筹融资被称为"特例金商业者",建立了小额证券发行豁免制度,降低市场准入门槛,完善业务管理制度,以促进众筹融资的发展,但同时为避免欺诈行为的发生,修正案主要从以下四个方面来保护投资者:

一是信息的披露。要求众筹平台在互联网上对筹资者商号、注册编号等事项进行披露,同时参考美国 JOBS 法案,有关众筹融资投资需求说明、投资者教育材料、对投资者判断有重要影响的事项等,需要在互联网上供投资者进行阅览。

二是强调准入条件。虽然法案大幅度降低了从业机构的准入条件,将其定义为"特例金商业者",具体为:"第一种小额电子募集处理业务"——未在交易所上市的股票或新股预约权证券的电子募集处理业务中,发行总额及投资额为小额的,其特例金商业者的最低资本金为 1000 万日元,并废止了兼业规制;"第二种小额电子募集处理业务"——采取同样行为的集合投资计划(基金),其特例金商业者最低资本金要求为 500 万日元,无兼业规制。但法案第 29 条也规定,"不具备金融商品交易业的必要体制者",其注册为金融商品交易业者的申请将被驳回,体现了法律对从业机构整体素质进行控制的现实。

三是业务管理的完善。根据《金商法》规定,为了恰当地从事相关业务,根据内阁令的要求,金融商品交易业者必须进行业务体制的完善,如顾客信息管理体制、工作人员的研修制度等。对于众筹平台,还要提供改善平台管理的内控制度和组织体系等,更重要的是,要求其对筹资者的融资项目和事业背景进行审核,以加强其在项目运行中的责任。

四是资金的托管。设立了第三方资金托管制度,众筹平台需将托管财产与自有财产进行分离,交由信托公司等进行管理,投资方和融资方协议约定向托管方支付相应的管理费用,这对于保证资金流转安全、保护投资者利益具有十分重要的意义。

4. 中国台湾

中国台湾由自律性的场外交易场所证券柜台买卖中心负责运作和监管股权众筹平台"创柜板"。创柜板由柜买中心于 2014 年 1 月 3 日设立。平台上的小微企业无须办理公开发行的手续,可以通过股权众筹的方式向不特定公众发行股票筹措小额资金。此外,发行流程完全在无中介的网络平台上进行。创柜板的监管部分是台湾地区"金管局",其监管框架效仿美国 JOBS 法案中股权众筹的相关规定。

对创柜板投资者的保护主要体现在投资者适当性和信息披露义务上,和JOBS 法案相比,创柜板在参考了其投资上限的同时,加入了投资者专业性的考量,实施差异化的投资上限标准。针对非专业投资人,最近一年投资金额不超过新台币 6 万元(约合 2000 美元),而针对专业投资人无金额限制。关于信息披露要求,创柜板公司需在挂牌期间承担信息披露责任。公司首次登录创柜板时,需披露以下三方面的信息：公司拟融资金额和股权份额、公司营业计划书，以及公司过去两年的损益表和资产负债表。公司登录创柜板之后，柜买中心监督公司在规定期限内在网络平台进行持续信息披露。

（三）国际监管经验对我国立法的几点启示

一是努力在保护公众投资人利益和创业公司募资便利性上取得平衡，监管太严则众筹的优势无法发挥，控制太松则可能造成欺诈横行和公众投资人利益受损；二是对融资和筹资总量设立双向控制，控制众筹的规模，避免偏离为中小企业融资的初始目的；三是强调筹资平台的独立性，对平台的业务范围进行部分限制，并强加了部分披露义务；四是突出筹资人和筹资平台的真实披露和风险提示义务，通过增强股权众筹项目的透明度促进投资者保护。

五、政策建议

（一）构建以信息披露义务为核心的投资者保护制度体系

目前，国内很多众筹平台对融资项目的信息披露比较简单粗糙，投资者与筹资企业信息极不对称，很难判断项目的真实运营情况。股权众筹本身是面向普通大众融资，保护投资者权益既是在维护市场信心，也是在维护股权众筹的长期发展。从各国的监管实践来看，其主要思路如出一辙：在降低准入门槛，鼓励股权众筹向透明化、法制化发展轨道的同时，通过多种方式强化投资者权益保护，其中信息充分披露与风险提示是基础监管手段与要求。

建议我国股权众筹的投资者保护制度体系的构建，首先，要让筹资者承担程度合理的信息披露义务，如披露自身基本情况、筹资用途和使用计划、经营状况、风险评估等，以利于投资者掌握相关投资决策信息。其次，确立符合中国国情的股权投资合格投资者的标准，考虑到我国目前存在的证明实际收入与资产状况较为困难的实际情况，可考虑将单个项目投资下限作为认定合格投资者的充分条件。再次，设定单个项目融资额上限和单个投资者投资上限，细化股权众筹投资者的分类并明确其投资权限，考虑股权投资尤其是初创期企业投资的高风险情况，保护投资者利益及相关风险预防。最后，建立投资者资金银行存管机制，实现投资者投资资金与众筹平台自身资金分账管理，账户每年接受独立审计，将审计报告提交监管机构上备案并向投资者公开。

（二）强化众筹平台作为中介机构的权利义务关系

在股权众筹融资过程中，众筹平台作为中介机构众筹平台是连接投资人和融资方的桥梁，其介入方式和尽责程度对投资人权益具有关键影响。规范众筹平台的资格和行为，对保护投资者权益意义重大。

对众筹平台的监管应该以投资者保护为核心，以审慎要求、客户资产管理规范、信息披露和适当性管理为基础手段。一是在准入角度上，通过设定合理的注册登记条件筛选出适格的筹资门户平台，并对其经营资质、业务范围、宣传方式以及法律责任等作出规定。二是通过设定"负面清单"进行管理，为保证筹资门户的独立性，应对平台的业务范围做一定的限制，如不能从事提供投资咨询或顾问等业务，不能实质性参与筹资者与投资者之间的交易等。三是要求众筹平台必须对筹资人和投资人进行双向适当性评估，特别是应对创业公司进行尽职调查和必要信息披露，同时平台应充分保护筹资人和投资人双方信息，避免敏感信息和个人隐私对外泄露。四是强调众筹平台的实时风险提示义务，事前做好项目评审与质量把控，杜绝欺诈性融资项目发布；众筹项目成立后及时向投资人通报项目运营信息及相关预警。五是合理确定众筹平台的盈利模式与责任分担。

（三）建立健全多元化的投资者纠纷解决机制

股权众筹的交易机制和运作模式决定了其自身存在诸多法律问题，而这些问题可能引发各类纠纷问题。其中涉及投资者的股权纠纷主要有三类：投资人与筹资者之间的投融资纠纷、投资人之间因合投机制产生的合作纠纷、投资人与众筹平台之间的居间合同纠纷。为保证平衡监管成本及利益的均衡，构建多元化的投资者纠纷解决机制势在必行。

建议：一是加强互联网金融行业自律，充分发挥中国互联网金融协会等行业协会的自律机制在规范从业机构市场行为和保护行业合法权益等方面的积极作用。二是创新投资者保护机制，如引入专业调解制度、建立和解金赔偿制度（行政和解制度）、侵权行为人主动补偿制度以及侵权民事赔偿制度等，以利于纠纷快速、高效、便捷地解决。三是通过立法解释、司法解释、典型案例等方式对股权众筹纠纷中可能涉及的复杂问题进行梳理与明确，既包括举证责任问题、集团诉讼问题、格式条款解释问题等程序性难题，也包括平台股权衍生交易的合法性、平台收益担保的认定等实体性问题。

（课题组成员：赵宏、董英超、夏梓耀、代莹、单超、舒昱、刘建）

参考文献

［1］张继红．金融消费者权益保障热点法律问题研究［M］．北京：中国政法大学出版
社，2014.

［2］何颖．金融消费者权益保护制度论［M］．北京：北京大学出版社，2011.

［3］彭冰．股权众筹的法律构建［J］．互联网金融与法律，2014（6）.

［4］苏伦嘎，杨东．股权众筹平台的运营模式及风险防范［J］．国家检察官学院学报，2014
（4）.

［5］陈智鹏，梁家全．论众筹投资者的法律保护：以美国 JOBS 法案为例［J］．金融法苑，
2014（1）.

［6］成琳，吕宁斯．中国股权众筹平台的规范化路径［J］．金融法苑，2014（2）.

［7］邱勋，陈月波．股权众筹：融资模式、价值与风险管理［J］．新金融，2014（9）.

［8］张雅．股权众筹法律制度国际比较与中国路径［J］．西南金融，2014（11）.

［9］郭丹．金融消费者之法律界定［J］．学术交流，2010（8）.

［10］辛欣．境外股权众筹的发展与监管简述［J］．清华金融评论，2015（3）.

［11］龚静远，冯文婷．股权众筹平台在场外市场的实践——以台湾地区创柜板为例［J］.
银行家，2015（6）.

［12］毛智琪，杨东．日本众筹融资立法新动态及借鉴［J］．证券市场导报，2015（4）.

新常态下金融服务支持小微企业发展研究

——以北京市为例

在经济新常态下，作为增加就业和推动创新的重要市场主体，小微企业的发展对于稳定增长和提升就业至关重要，但也面临挑战。围绕支持小微企业发展的政策取向，北京市在小微企业金融服务体系构建方面实施了诸多政策措施，开展了诸多探索和实践，并取得了积极成效。但是，从小微企业发展的融资需求来看，当前依然存在诸多难点，需通过加速构建小微企业金融服务体系予以化解，同时这也是新常态下宏观经济发展的现实需要。

一、宏观经济新常态下小微金融服务体系的内涵

（一）宏观经济新常态的内涵

"新常态"一词最早出现于 1997 年亚洲金融危机时期，是指日本、"亚洲四小龙"（韩国、新加坡、中国台湾和中国香港）及印度尼西亚、马来西亚、泰国等经济体结束了近 30 年经济持续高速增长的"东亚奇迹"，经济增速出现下降甚至负增长的经济发展状态。之后随着东南亚国家的政策、体制的有效改革，东南亚经济逐渐恢复，进入了新的发展阶段，"新常态"的说法逐渐消失。"新常态"一词再次被人们提及是 2000 年，美国互联网泡沫的破裂后。2004 年，Roger Mc-Namee 在 *Great Opportunities in a Time of Great Risk* 一书中指出，互联网的出现使经济处于一种"新常态"，这种"新常态"是一个不同于过去的无法预知的时代，即使经济恢复了，也无法再回到过去的辉煌。关于经济"新常态"普遍讨论是在 2008 年金融危机后。2009 年初，美国太平洋投资管理公司（PIMCO）的比尔·格罗斯和穆罕默德·埃尔埃利安使用"新常态"一词归纳 2008 年金融危机之后，世界经济特别是发达国家所发生的变化，即增长乏力、失业率持续高企、私人部门去杠杆化、公共财政面临挑战，以及经济增长动力和财富活力从工业化国家向新兴经济体转移。

2014 年后，在"新常态"的基础上，经济学界又提出了"新中性"和"新平庸"的概念，描述当前世界经济运行状况。2014 年 5 月，PIMCO 执行副总裁克拉里达（Richard Clarida）提出"新中性"（New Neutral）概念，认为"新中性"是"新常态"的自然演化，具体含义是金融危机后，总需求仍然大于总供给，全球经济向乏力的经济增长率趋同。2014 年 10 月，IMF 拉加德总裁指出全球经济进入"新平庸"（New Mediocre）时代，即经济复苏脆弱、经济不均衡、风险困扰、增长和就业乏力。

"新常态"在中国的广泛应用始于 2014 年。2014 年 5 月习近平总书记在河南考察时首次提及"新常态"。11 月，习近平总书记在亚太经合组织工商领导人峰会上系统阐述了"新常态"的重大战略思想。2014 年中央经济工作会议指出，我国经济正在向形态更高级、分工更复杂、结构更合理的阶段演化，经济发展进入新常态，正从高速增长转向中高速增长，经济发展方式正从规模速度粗放型增长转向质量效率型集约增长，经济结构正从增量扩能为主转向调整存量、做优增量并存的深度调整，经济发展动力正从传统增长点转向新的增长点。

（二）宏观经济新常态下小微企业面临的机遇与挑战

宏观经济步入新常态，意味着小微企业赖以生存的环境较之以前发生了显著变化。发展环境的变化既为小微企业的发展提供更为广阔的空间，同时，也对支持小微企发展提出了更大的挑战。

在经济新常态下，投资对经济增长的拉动作用边际效用递减，依靠增加投资很难维持较高的经济增长率，必须寻找经济增长的新动力。传统大型企业增长乏力，无法继续充当拉动经济增长引擎。在经济新常态下，为实现经济的中高速增长，迫切需要大力发展小微企业。首先，小微企业具有创新发展的内在动力。小微企业是技术创新的主要承担者。小微企业承受着巨大的生存和经营压力，不得不依靠技术创新来提升自身价值，为企业发展积蓄能量。许多重大技术创新成果都来源于中小型企业，推出计算机芯片和 Windows 操作系统的英特尔和微软公司都曾是小企业，苹果公司和谷歌公司更是从微型企业起步的。其次，小微企业具有产品小型化、生产分散化的优势，经营方式灵活，能够便捷地进入和退出，更能适应当今瞬息万变的市场。大力发展小微企业有利于实现经济增长方式的转变，创造新的经济增长动力。此外，大力发展小微企业也是我国经济发展必然要经历的阶段。根据世界银行相关研究表明，小微企业对国民经济、就业、税收的贡献率与一国经济发展水平和收入水平正相关。

在经济增速由高速增长转变为中高速增长的背景下，小微企业发展对于经济增长的作用更加凸显。小微企业在国民经济发展中的优势与作用早已为国内外经济发展的实践所反复证实，国际经验表明，发展小微企业可在推动经济增长和促进就业方面发挥显著作用。根据世界银行网站公布数据，高收入水平国家相比较于低收入国家，小微企业对就业贡献率和对 GDP 贡献率分别高出 30 个百分点和 35 个百分点。就我国而言，小微企业在产值、税收以及容纳就业人数等的比重上也逐年增长，地位日趋重要，在经济增长和稳定就业方面发挥着重要作用，也是推动经济发展方式转变的驱动力量。据统计，我国小微企业吸纳全国就业人口的 75%、对 GDP 和税收的贡献率分别超过 65% 和 60%。因此，新常态下宏观经济环境的变化实际上为小微企业的发展提供了更好的机遇和拓展空间。

但是，在经济新常态下，伴随国内经济增长速度由原来的 10% 左右的高速增长变为 7%~8% 的中高速增长，企业尤其是小微企业遇到的困难增加，经营业绩下滑。在经济换挡、结构调整和前期刺激政策消化三期叠加的过程中，小微企业经营活动的波动性大于大中型企业，经营业绩下滑速度更快，经营风险更大。国家统计局公布的数据显示，从 2014 年 7 月开始，中国制造业采购经理人指数 PMI 持续走低，企业经营状况有所恶化。分企业类型看，小企业 PMI 始终低于大企业 PMI，且波动幅度大于大企业 PMI（见图 1）。

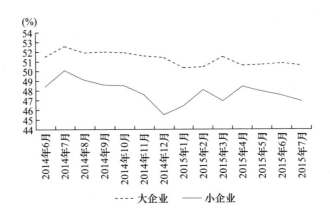

图 1　2014 年 6 月至 2015 年 7 月国内企业 PMI 走势图

资料来源：国家统计局网站。

除了小微企业自身发展中面临的不确定性增加外，融资难和融资贵的问题仍然是制约小微企业发展的重要瓶颈。由于企业经营业绩下滑以及偿债能力的下降，加之小微企业资产规模较小、抗风险能力低、业绩波动性大，且宏观经济下滑时业绩下滑较快，银行等金融机构风险偏好降低，向小微企业放贷的动力不足，贷款的风险溢价提高，小微企业获取贷款的难度进一步加大。据人民银行营业管理部 2013 年底对中关村科技企业的摸底调查结果显示：部分优质小微企业同样面临融资难问题，小微企业融资成本呈现进一步上升的趋势，科技型小微企业所获贷款期限较短制约科技创新发展。

（三）宏观经济新常态下小微企业金融服务的内涵

在经济新常态下，小微企业在不同发展阶段需要不同的金融服务，因此，基于企业融资的阶段化特征，构建多渠道和多层次的小微企业金融服务体系是支持小微企业发展的重要前提。

1. 从企业生命周期的角度看，应提供覆盖小微企业全生命周期的差异化融资服务

种子期小微企业以新产品开发和市场拓展为主要目标，生产经营规模小、风险大；成长期小微企业在同行业中占有一定市场份额，具有一定市场竞争力，以巩固和扩展市场份额为主要经营目标；成熟期企业资产规模显著增加，经营业绩趋于稳定，可抵押资产相对充足，以实现跨越式发展为目标。小微企业金融应该基于企业各生命周期特点，结合金融机构和投资机构的风险偏好，为小微企业提供差异化融资供给。通过引导和推动 P2P、股权众筹等互联网金融发展，以及促进天使投资、早期投资等发展，实现资金向种子期小微企业的注入；通过促进信贷体制机制创新和担保机构建设，以及企业增信等方式，促进成长期企业发展；针对成熟期小微企业，引导金融机构提供个性化金融服务，鼓励通过债券市场融资，推动符合上市条件的企业通过股票市场融资。

2. 从企业覆盖范围的角度看，应涵盖传统行业与新兴产业内全部的小微企业

小微企业数量众多，涉及行业门类齐全，既包括传统行业，也涵盖新兴产业。相较于传统行业，新兴产业领域的小微企业更易受到投资者或金融机构的重视，融资困难更容易化解。但是，从事批发零售、农林牧渔等传统行业的小微企业往往占全部小微企业的绝大多数。以北京市为例，2013 年末全市共有活跃的中小微企业 42.5 万户，而中关村共有高新技术企业 1.5 万户（中小微企业占比95.6%），占比仅为 3.5%。因此，完善的小微企业金融服务应该是面向所有行业的小微企业，不仅是为新兴产业的小微企业，同时，也要为从事传统行业的小微企业，特别是家庭式作坊企业和个体工商户提供必要的金融服务。

3. 从支持实体经济的角度看，应将融资成本控制在小微企业普遍可承受的范围内

完善的小微金融服务不但要解决小微企业的融资难题，还要将实际承担的融资成本控制在小微企业所能承受的范围内，不应显著高于商业银行定价依据的基准利率，也不应大大超过大中型企业平均的融资成本。许多国家均将融资成本控制作为小微金融服务体系的重要内容。根据美国中小企业局网站公布的内容，中

小企业局对商业银行发放的中小企业经营贷款提供担保，收取一定担保费，目前担保费率为 0.25%～3.5%。贷款实际利率由银行和客户协商确定，一般是在银行优惠利率、1 个月期伦敦同业拆借利率加 3% 或中小企业局盯住利率基础上加点形成。同时规定了加点上限，贷款期限小于 7 年的，加点不超过 2.25%，贷款期限大于 7 年的，加点不超过 2.75%。根据韩国中小企业厅网站公布的内容，韩国通过成立政策性银行和担保机构方式为小微企业提供融资支持，并尽可能地缩小与大企业融资成本的差距。2013～2014 年，韩国银行中小企业贷款平均利率分别为 4.8%、4.3%，相较大企业平均利率分别仅高出 0.4 个百分点、0.5 个百分点。

4. 从金融生态环境的角度看，要构建更加完善的小微企业信用体系

小微企业是我国经济社会发展的重要组成部分，小微企业信用体系建设是地方社会信用体系建设的重要抓手和组成部分，是《社会信用体系建设规划纲要（2014～2020 年)》提出的专项工程，实践表明，在助力小微企业融资和发展的有效手段，对于缓解融资难、融资贵，带动就业、扩大内需、促进经济结构调整、增强经济活力、改善地区信用环境等方面发挥了重要的作用。当前，我国经济发展进入新常态，大众创业、万众创新极大地促进了小微企业的发展，亟须推进包括信用基础建设、信用档案建设、信用信息管理制度建设、信用评价体系建设、失信惩戒机制建设为主要内容的小微企业信用体系建设，目标是健全信用信息征集体系，完善信用评级和信息发布与应用机制，推进信用信息服务网络建设，形成各方共建、利益共享、风险分担的可持续发展机制，不断发现和增进小微企业的信用价值，切实改善小微企业融资服务。

5. 从转变政府职能的角度看，要充分发挥政府职能部门的政策优势

国际经验表明，各级政府特别是中央政府部门应在小微金融服务体系构建中发挥核心作用。以中小企业金融支持体系相对健全的美国、日本和韩国为例，三个国家均从法律制定、制度建设和机构设置等方面构建了一整套的支持体系，保障中小企业在投融资方面获得公平机会。除制定了有关支持中小企业的相关法律外，美国、日本和韩国政府均成立了专门机构，统一制定本国的中小企业政策，对中小企业进行统一管理，并组织相关部门协调落实。日本和韩国还成立了政策性银行和担保机构保障中小企业的融资需求，并引导和推动商业银行改进贷款技术，降低贷款成本，同时，向中小企业提供融资咨询、辅导等以支持获取金融资源。

二、北京市小微企业金融服务体系构建工作的实践与成效

近年来，人民银行营业管理部始终坚持金融服务支持小微企业发展的原则，以完善信用机制为核心，解决小微企业缺信用、缺信息问题；以扩展融资渠道为重点，缓解小微企业融资难、融资贵问题；以试点示范为引领，提高小微企业金融服务的便利性和可得性，形成了金融服务支持小微企业发展的典型做法，取得了诸多实效。

（一）以完善信用机制为核心，化解小微企业缺信用和缺信息问题

1. 搭建小微企业的信用数据共享平台

通过征信系统采集小微企业信用信息，帮助小微企业建立信用档案，以此提升金融服务。人民银行于 2013 年启动小贷公司和融资担保公司等小微金融机构接入征信系统工作，并于 2014 年建成了互联网报送和查询征信系统服务。截至2014 年末，企业和个人征信系统分别接入小微金融机构 1179 家和 1236 家，分别提供信用报告查询 56.7 万笔和 192.8 万笔，其中，北京共有 47 家小微金融机构接入征信系统。截至 2015 年 6 月，北京地区共采集了 84932 户中小企业的信用档案，中小企业信用报告查询量为 272 万笔，中小企业贷款发生额和余额分别为41574 亿元和 13820 亿元。

2. 推动中关村小微企业信用示范区建设

自 2003 年起，中关村先行先试开展小微企业信用体系建设，并被人民银行确定为全国首批小微企业信用体系建设试验区。在示范区建设过程中，研究制定了小微企业信用星级评定管理办法，构建了小微企业信用信息评价体系，建设了中关村信用信息平台，并积极推动信用产品的市场化应用。组织开展"中关村企业信用培育双百工程"，评选出超过 800 家"百家最具投资潜力信用企业"和"百家最具影响力信用企业"，并对入选企业提供担保贷款、信用贷款、信用保险和贸易融资、小额贷款等融资中享受财政补贴等优惠。大力发展信用中介机构，成立中关村企业信用促进会，为企业提供信息支持服务，截至 2015 年 2 月末，企业会员累计达 5143 家，信用星级企业已达 1044 家。同时，中关村聚集了中诚信、大公国际、联合信用等 11 家评级机构以及拉卡拉等 8 家征信机构，为企业开展信用评级、信用报告、信用评分等信用中介服务。

3. 健全小微企业的信用增进机制

通过风险补贴、信用保证基金等方式引导金融机构支持小微企业，充分发挥

财政资金的杠杆作用。北京市政府成立专项的扶持资金，对符合条件的企业发行企业债券等直接融资产品，给予利息补贴；对信用保险和贸易融资，给予信用中介补贴和保费补贴。大力发展政府支持的融资担保和再担保机构，进一步增强小微企业的获贷能力。截至目前，北京共有 121 家融资性担保机构，其中，政策性担保机构 14 家。截至 2014 年 6 月末，共为小微企业贷款提供担保的余额达 300 亿元。同时，积极推广小额贷款保证保险、信用保证保险等银保合作服务小微企业模式，发挥融资担保行业在小微企业融资中的作用。2014 年出台《中关村国家自主创新示范区小额贷款保证保险试点办法》，由北京市政府为企业提供 20%～45% 的贷款贴息支持，银行和保险公司商定小额贷款保证保险风险分担比例，贷款本金损失部分由信贷风险补偿资金和保险公司共同分担。

（二）以拓展融资渠道为重点，缓解小微企业融资难、融资贵问题

1. 认真落实差异化小微企业信贷政策

针对小微企业融资难和融资贵的结构性问题，加强货币政策的运用力度，引导金融机构不断加大对小微企业的信贷支持力度。完善小微企业信贷政策导向效果评估机制，将评估工作与差别存款准备金动态管理、再贷款、再贴现管理结合起来，推动评估结果在财政补贴政策中的运用，有效提升评估对于商业银行的激励约束作用。完善再贷款再贴现业务管理，明确再贴现业务优先支持重点和对象，充分发挥其引导信贷资金流向、降低社会融资成本的积极作用。2015 年，开展"金融服务助力科技型小微企业创业创新"活动，为向中关村创业创新企业发放贷款的银行，提供再贴现资金支持，资金支持规模与银行承诺完成的信贷投放规模挂钩。2015 年上半年，累计为金融机构办理再贴现 81.6 亿元，涉及票据 2813 笔，6 月末再贴现余额为 33.2 亿元。

2. 推广应收账款融资平台，盘活应收账款存量

2013 年，人民银行建设了应收账款融资服务平台，拓展应收账款助力中小企业融资发展的潜力，实现资金供求各方信息对接。2015 年人民银行营业管理部成立专门的工作组，召开工作推进会，全面部署平台推广应用工作。建立常态化的信息通报、经验交流机制，并将平台推广工作同综合执法、综合评价相结合，纳入对金融机构的涉农信贷政策导向、中小企业信贷政策导向和征信等综合评价之中。充当银行和企业的中介，撮合规模较大、合作意向较明显的资金提供方和需求方达成融资交易。截至 2015 年 7 月，平台累计开通用户 30293 家，实现了覆盖 31 个省、市、自治区，上传账款 12414 笔，确认账款 3322 笔，促成融资交易 8656 笔，成交金额 3067 亿元。

3. 拓展多元化企业融资渠道，着力增加金融有效供给

推进"新三板"（全国中小企业股份转让系统）和"四板"（中关村股权交

易服务集团）改制扩容，充分利用"创业板"上市融资。截至 2015 年 6 月末，中关村在新三板挂牌的企业达到 460 家，四板新增展示企业 296 家，登记托管企业 138 家；北京市在创业板上市企业 79 家，上半年累计融资 116.1 亿元。打通债券市场融资渠道，2010 年 3.83 亿元的中关村第一期集合债券成功发行，探索了高新技术企业利用债券市场的方式和途径。随后又推出"高新技术中小企业集合债券"和"高新技术企业信托融资计划"等金融产品。截至目前，北京共有 30 家企业在上交所和深交所发行中小企业私募债，融资金额约为 26.65 亿元；共发行 13 期中小企业集合票据，发行金额为 23.59 亿元。以"互联网＋"为契机，加快推进中关村互联网金融综合试点，完善互联网股权众筹融资机制，促进网贷行业创新发展，丰富小微金融服务的机构载体。2003 年，国内第一家股权众筹平台——天使汇落户中关村，目前，超过 16090 个创业项目入驻，共有 2532 多位认证投资人，230 多个项目实现融资 10 亿元。截至 2015 年 6 月，北京地区纳入"网贷之家"监测的 P2P 平台达 231 家，占全国的 11.4%；2015 年上半年累计成交 667.2 亿元，占全国的 22%。

（三）以试点示范为引领，提升金融服务便利性和可得性

1. 推进"信贷快车"融资项目

2007 年 9 月，人民银行营业管理部会同中关村管委会、北京银监局共同推出了中关村园区中小企业信用贷款计划，亦称"信贷快车"。"信贷快车"以"政府引导、市场运作、财政扶持、风险自担、持续经营、多方共赢"为基本原则，鼓励中关村中小企业建立信用档案、购买合格信用评级机构的信用评级产品，试点银行对符合条件、信用良好的企业发放一定额度的信用贷款，无须抵押和担保。园区管委会为试点工作提供专项资金，对获得信用贷款并按期还本付息的企业提供贷款贴息；对试点银行按贷款规模给予风险补贴；对参与试点的信用中介机构给予评级补贴。"信贷快车"通过聚合政府部门的行政资源、人民银行的政策资源、商业银行的信贷资源和评级机构的信用评估资源，以信用建设贯穿项目始终，开创了"建立信用档案—开展信用评级—发放信用贷款"的融资模式。

2. 组织开展"零信贷"金融服务活动

2013 年底，人民银行营业管理部与中关村管委会联合启动了"中关村零信贷小微企业金融服务拓展活动"。建立贷款卡审批绿色通道，缩短贷款卡办理时间；启动"贷款卡服务办理点"，提供差异化的金融综合服务；定期筛选公布"零信贷"企业名录并不断更新，为银行提供潜在客户；组织 5 期银企对接专题活动，提升金融服务的覆盖面；针对中关村科技型小微企业推出专项再贴现并予以优先审核；为名录内企业贷款优先提供担保服务。该活动累计为"零信贷"

名单内的 1108 家科技型小微企业提供了贷款相关服务，为约 500 家企业发放贷款 8.6 亿元。

3. 开展外债宏观审慎管理试点

2015 年 3 月，外汇局在中关村示范区核心区开展以企业外债比例自律为主要方式的外债宏观审慎管理试点，在全国范围内首次允许中资企业借入外债并结汇，鼓励企业充分利用境内外"两个市场，两种资源"，支持企业通过境外低成本融资实现创新发展。截至 2015 年 9 月，已经为 32 家企业办理外债宏观审慎试点业务 44 笔，金额合计 16.5 亿美元，笔数和金额在全国试点范围内均居第一位，企业贷款综合成本平均下降 200 ~ 300bp。

三、小微企业金融服务体系构建中存在的问题

应该看到，对照新常态下小微企业面临的新机遇和新挑战，小微企业金融服务改革创新的任务仍然艰巨。未来一个时期，随着经济增速的放缓和资源约束的加强，小微企业发展将面临许多新问题，对多元化金融产品和多层次融资方式的需求日益迫切。这都凸显出完善小微企业征信体系、加快小微企业金融产品和服务创新、健全小微企业股权融资的资金循环机制、提升企业债权融资服务水平的急迫性。

（一）小微企业的征信体系建设不尽完善

一是小微企业信用意识较淡薄。由于小微企业多处于发展的初级阶段，发展不规范，信用状况欠佳，金融参与意识较差，特别是在经营中遇到风险后，对贷款到期偿还的意愿有限。大部分银行不愿意给小微企业发放贷款的主要原因是其信用状况差。二是小微企业多处于创业阶段，经营信息的规范程度不足、透明度不高。企业生产经营活动相当于"黑匣子"，黑匣子内信息的可信度和透明度低，银行等金融机构信息搜集难度大、成本高，为小微企业提供融资的动力不足。三是由于我国尚未建立覆盖工商、税务、信贷等统一的信息共享和信用评价平台。由于政府部门信息公开程度不高，公共部门的企业信用信息采集难度较大、采集后难以及时更新，导致企业信用信息数据不全、时效性不强，金融机构不能全面获取小微企业在其他渠道的融资、纳税、水电气缴费信息、房产、海关、行政执法等各种"软信息"，难以准确评估企业风险，进行贷款定价。征信体系建设的不完善，使得小微企业在融资过程中普遍存在较高的增信成本。在抵押模式下，小微企业需向保险公司支付 0.03% ~ 0.05% 的财产保险费；专业担保

公司保证模式下，小微企业需缴纳 2%～3% 的担保费、评审费等。另外，银行在对小企业授信时会要求存入 10% 及以上的保证金。

（二）信贷融资服务的种类和多样性不足

一是中小型金融机构的服务不足。经过多年的发展，我国目前已经拥有了一批中小金融机构，然而国有商业银行对贷款市场的高度垄断，减少了中小金融机构能够获得的金融资源，限制了他们为中小企业服务的能力。此外，中小企业信用信息的缺失，也让中小型金融机构更倾向于为国有大型企业提供服务，在发展战略上不重视小而散的小微企业。二是缺乏符合小微企业需求特点的信贷创新产品。目前，金融机构对小微企业的贷款仍然以抵押担保方式为主，适应小微企业的专业化、个性化产品仍显不足。受制于分业经营等政策，适合科技型初创企业的投贷联动融资模式难以推广。知识产权质押、股权质押贷款等创新产品在实践中受到制约。2014 年北京地区 40 家科技金融专营机构的高新技术企业信用贷款规模是知识产权质押贷款和股权质押贷款之和的 13 倍。三是资金使用期限错配。长期以来，由于经营机制不健全、财务制度不规范，小微企业往往难以符合银行长期贷款、项目贷款的标准，导致银行贷款期限与小微企业使用资金期限的错配问题严重，短贷长用现象普遍，短期贷款比重远远高于合理水平。调查发现，小微企业的贷款以短期流动性贷款为主，中长期项目贷款偏少，小微企业合理的中长期资金需求难以得到满足，只能用短期贷款来接续。

（三）企业股权融资的资金循环机制不健全

根据企业生命周期理论，不具备信贷条件的处于初创期和成长期的小微企业融资主要通过股权融资完成。目前，小微企业的股权融资主要包括创业投资、风险投资和股权众筹融资等。这几类投资主要存在以下问题：一是投资管理模式尚不完全契合小微企业。我国风险投资机构的投资重财务投资、轻增值服务，而且普遍向企业后期集中，美国风险投资机构投资于早期企业的资金比例平均为 25%，而我国该比例小于 5%，使得我国处于发展早期的创新型企业更是举步维艰。二是股权投资的退出机制不健全。目前各种社会资金进入小微企业容易，但收回和退出困难，资金循环的市场化通道不畅通，制约了各类风险投资支持小微企业的积极性。如创业板的上市门槛较高，竞争非常激烈，仅中关村科技园区符合创业板上市条件的公司就有 1000 多家。三是股权众筹融资刚刚起步。我国股权众筹融资发展不足 4 年，相关的法律制度尚未正式出台，在实践和监管中还存在争议，如是否公开发行、投资人数量、信息披露要求等，股权众筹的退出机制也存在诸多问题。

（四）企业债券融资的发展水平不高

一直以来，我国企业融资以间接融资为主，直接融资尤其是债券融资的发展水平不高。一是中小企业私募债的规模发展缓慢。自从 2012 年启动中小企业私募债以来，由于融资成本高，小微企业发债动力不足；由于流动性差、发行规模小、增信要求高等原因，投资者和承销商承销和投资意愿不强；担保公司杠杆率高，违约事件发生后担保公司根本无履约能力，也阻碍了中小企业私募债的健康发展。二是中小企业集合票据存在成本偏高和融资周期长问题。除票面利息外，中小企业集合票据发行还需支付承销、登记、审计等多项费用，且信用增级、担保、评估等费用高于其他融资方式，综合成本在 10% 左右。另外，中小企业集合票据由特定机构统一组织发行，包括申请、评估、担保、评级、核准、注册、登记托管和承销等十几个程序，加之发行企业间和政府部门间的协调配合，时间长达 6 个月左右。

四、政策建议

（一）加快征信体系建设，进一步发挥信用在小微企业金融服务中的基础和支撑作用

积极协调地方政府部门，加快信用信息共享平台的建设与应用，深入推进政务信息公开，向信用服务机构开放相关政府信息，解决各类市场主体间的信息不对称问题，为促进小微企业融资打造更加完善的金融基础设施。进一步加大信用产品推广应用，推动政府有关部门在行政管理、政府采购、财政补贴、项目招投标中使用信用报告和信用记录，鼓励信用服务机构开发适合小微企业特点的信用产品。大力发展征信市场，培育一批征信和评级行业龙头企业。进一步加强对征信和评级等信用服务机构的监管，探索制定更有针对性的监管制度，研究制定征信和信用评级的行业标准。进一步加强征信宣传、培育信用文化，深入开展适合小微企业特点、形式多样的征信和金融知识宣传教育活动，培育小微企业的立信意识，促进小微企业自觉积累信用记录，打通融资渠道，积极营造"守信受益、失信惩戒"的良好社会氛围。

（二）充分发挥资本市场的作用，大力推进直接融资渠道建设

完善并购重组、新三板、创业板、主板市场等一系列融资服务平台建设，支

持天使投资、风险投资、产业基金等投资机构发展，充分拓宽债券市场融资渠道，完善多层次资本和产权交易市场，有效提高对小微企业的金融供给。以"互联网＋"为契机，推动创业投资有序发展，完善股权众筹方面的法律法规，加强互联网金融监管，有效提升股权融资对于小微企业的支持力度。进一步发挥新三板对小微企业的融资服务功能。降低创业板、新三板市场的门槛要求，完善定价机制，优化新三板功能定位，推动资本市场对企业生命周期各个阶段的全覆盖。加强对天使投资和创业投资机构的监管，引导其重视自身内部管理机制的完善和投资管理理念的优化。加大对中小企业集合票据财政支持力度，完善制度设计，探索建立中小企业集合票据风险补偿金，着力解决集合票据担保难问题，引导金融机构积极参与集合票据承销。在控制风险、确保偿付能力的基础上，适当降低中小企业集合票据的准入门槛，扩大集合票据发行范围，简化审批程序，惠及更多的中小微企业。

（三）提升小微企业的金融服务水平，拓宽信贷投放空间

认真贯彻落实国务院关于扶持小微企业发展的政策要求，实施差异化的货币信贷政策，完善小微企业信贷政策导向效果评估，确保各项政策在金融机构的有效落实。紧紧围绕小微企业"融资难"、"融资贵"这个重点，优化资源配置，完善运营管理机制，做好风险防控与业务拓展之间的平衡，探索适合商业银行自身特点的小微企业金融服务模式。进一步创新信贷产品，改进信贷技术。引导商业银行优化信贷审批流程，针对小微企业的特点，研发更加方便、灵活、快捷的信贷产品，提高风险定价能力，加大对小微企业的融资支持力度。加强专业人才培养，提升研究和服务能力，引导商业银行构建专营机制，对小微企业的经营现状、技术创新、发展前景、市场占有等进行深入了解，实现小微企业金融服务与"互联网＋"的有机融合，注重运用大数据思维和技术，全面提升信贷决策水平。加大业务拓展与产业发展的有机融合，适应政府产业限制与促进相关政策，探索与创业投资、股权投资等开展合作，充分满足小微企业多元化的融资需求。

（课题组成员：袁新峰、朱小菁、赵强、王秋香、宋晓源、张向军、戴兵）

支持科技创新的财政与金融政策
协同问题研究

从全球经济发展的历史经验来看，科技创新是推动实现宏观经济向高附加值和高边际收益经济形态转变的重要驱动力量。因此，很多国家和地区都将促进科技创新提升到战略层面，例如，欧洲将帮助小微企业（推动科技创新的重要主体）克服外部融资困难作为重要的公共政策目标①（Mason，2009）。推动科技创新发展关键是要构建有利于科技创新的外部环境，核心是财政扶持政策和金融支持体系。同时，财政政策与金融政策的有效协同是构建完善的科技创新外部环境的重要决定因素。当前，国内各级部门制定了诸多推动科技创新发展的财政政策和金融政策，目的是通过差异化激励机制设计，引导金融机构、社会投资主体在业务拓展和投资选择上向科技创新领域倾斜。尽管政策目标一致，但财政政策与金融政策的独立性依然显著，政策协同效应不高，进而也在一定程度上弱化了各项政策的内在效力。因此，从国家层面考虑，各级政府如何构建有利的政策环境和管理机制，运用政策性金融原理，创新财政投入方式，提高政府与市场合作的效率，是我国科技金融发展和科技进步事业亟须规划、实施的重要任务②（贾康等，2014）。

一、支持科技创新的财政和金融政策现状

（一）财政政策现状

1. 财政贴息

从 20 世纪 90 年代起，各级政府相继制定针对科技型企业的财政贴息政策。

---

① Colin M. Mason. Public Policy Support for the Informal Venture Capital Market in Europe：A Critical Review [J]. International Small Business Journal，2009（27）.

② 贾康，孟艳，封北麟，孙维. 财政支持科技支行的杭州经验及启示——杭州银行科技支行调研报告 [J]. 经济研究参考，2014（25）.

1999 年，国务院批准设立科技型中小企业技术创新基金，通过贷款贴息方式支持科技企业创新。2007 年，国家发改委等 12 部委颁布《关于支持中小企业技术创新的若干政策》，鼓励各地通过有关支持中小企业发展的专项资金对中小企业贷款提供贴息补助。地方层面，以北京市为例，近年来先后制定《中关村中小微企业担保融资支持资金管理办法》、《中关村中小微企业信贷创新融资支持资金管理办法》、《中关村中小微企业小额贷款支持资金管理办法》等文件，对科技创新企业提供占基准利率 20%～45% 的贷款贴息支持。

2. 财政补贴

财政补贴是地方政府支持科技创新的重要方式，以北京市为例，2012～2015 年北京市先后制定《中关村国家自主创新融资租赁支持资金管理办法》、《中关村中小微企业银行信贷创新融资支持资金管理办法》、《中关村企业改制上市和并购支持资金管理办法》、《关于支持中关村中小微企业利用中关村股权交易服务集团创新发展的意见》等政策，给予科技创新企业一定额度内占融资租赁费用 20% 的补贴，给予融资租赁公司一定额度内占新增业务总额 1% 的风险补贴，同时，提供改制、挂牌、境内外上市、主办券商、企业融资成本、并购中介费用补贴和贷款贴息支持，给予天使投资一定额度内不超过上一年度投资总额 15% 的风险补贴，和创业投资一定额度内实际投资额 10% 的风险补贴。

3. 风险补偿

政府部门出台的风险补偿政策主要是针对金融机构提供给小微企业贷款所承担不良损失的补偿。从国家层面看，2007 年国家发改委等 12 部委颁布的《关于支持中小企业技术创新的若干政策》提出对中小企业信用担保机构提供一定的风险补偿等优惠政策，支持中小企业投资公司的设立和发展，加大对中小企业投资公司的政策支持和风险补偿。从地方层面看，2013 年北京市《中关村小微企业信贷风险补偿资金管理办法（试行）》给予合作银行、担保机构的融资担保业务代偿本金、贷款业务不良贷款本金损失风险补偿资金支持。2014 年的《中关村小额贷款保证保险试点办法》规定不良贷款本金损失由中关村风险补偿资金和金融机构共同分担，即根据中关村企业总收入情况，当单家企业年度融资本金总额不超过 1000 万元，中关村风险补偿资金代偿本金的 30%～50%。

4. 设立引导基金

1999 年设立的科技型中小企业技术创新基金是中央层面第一个面向科技型中小企业发展的专项基金。1999～2003 年，中央财政累计安排科技型中小企业技术创新基金 268.26 亿元，主要用于支持中小企业开展技术创新活动、支持改善技术创新环境和引导社会资本向初创期科技型中小企业投资三个方面。2007 年，财政部、科技部颁布出台《科技型中小企业创业投资引导基金管理暂行办法》，明确设立科技型中小企业创业投资引导基金，通过参股、风险补助、投资保障等方式，专项用于引导创业投资机构向初创期科技型中小企业投资。截至2012 年末，科技型中小企业创业投资引导基金共投入财政子基金 20.59 亿元，其中，通过风险补助和投资保障等方式累计安排资金 8.5 亿元，支持 249 家创业投资机向 1421 家初创期科技型中小企业投资 69.94 亿元，并对创业投资机构重点跟踪服务的 545 家初创期科技型中小企业给予了直接资助。

5. 税收优惠

从国家层面看，2008 年《中华人民共和国企业所得税法》规定经认定的高新技术企业，减按 15% 的税率征收企业所得税。从地方层面看，以北京市中关村为例，2010 年北京市颁布《北京市财政局等部门关于贯彻落实国家支持中关村科技园区建设国家自主创新试点税收政策的通知》，试点政策包括关于有限合伙制创业投资企业法人合伙人企业所得税政策、关于技术转让所得企业所得税政策、关于企业转增股本个人所得税政策、关于股权奖励个人所得税政策、关于高新技术优惠政策。例如，对单位和个人从事技术转让、技术开发业务和与之相关的技术咨询、技术服务业务取得的收入，免征营业税。企业以未分配利润、盈余公积、资本公积向个人股东转增股本时，按照"利息、股息、红利所得"项目，适用 20% 税率征收个人所得税，一次不能缴清的个人，可经审核 5 年内缴清。

（二）金融政策现状

1. 发展金融组织体系

创新科技金融服务组织形式，金融管理部门出台政策，鼓励并大力支持银行业金融机构通过改造现有机构或新设的方式成立专门服务科技创新企业的特色支行等专营机构，提升科技金融服务的专业化水平。以北京市为例，截至 2015 年 6月末，已有 13 家银行的 40 家分支行建立了科技金融专营机构，分别是国有大型商业银行 23 家、股份制商业银行 9 家、城市商业银行 8 家。另外，金融管理部门大力支持专门服务于科技创新的非银行金融机构的发展壮大，如支持符合条件的小额贷款公司、金融租赁公司通过开展资产证券化、发行债券等方式融资，支持大型科技企业集团公司设立财务公司等。

2. 创新科技信贷产品和服务模式

金融管理部门将推动科技信贷产品创新作为科技金融政策的重要内容，大力促进银行业金融机构在交叉性金融产品上的创新，并鼓励扩大仓单、订单、应收账款、产业链融资、股权质押贷款等的规模，有针对性地满足科技创新型企业的融资需求。从政策效果看，以北京地区为例，截至 2015 年 3 月末，金融机构累计为 191 家次企业发放股权质押 33.4 亿元；截至 2015 年 11 月末，中征应收账款融资服务平台的注册用户总数超过 7 万家，融资成交金额 1 万亿元左右。另外，金融管理部门指导银行业金融机构向科技企业提供开户、结算、融资、理财、咨询、现金管理、国际业务等系统化、便捷的综合化金融服务。

3. 拓展多元化融资渠道

一是提升资本市场对科技创新企业的融资支持，大力推动全国中小企业股份转让系统（新三板）发展。截至 2014 年末，新三板挂牌公司总量为 1572 家，同比增长 340.5%；总市值超过 4500 亿元，同比增长 713.7%。二是促进科技企业利用债券市场融资。支持科技企业通过发行企业债、公司债、短期融资券、中期票据、中小企业集合票据、中小企业私募债等产品融资，为科技企业发行债券提供融资便利。持续推动并购债、可转债、高收益债等产品发展，支持科技企业滚动融资。以中关村科技担保公司为例，截至 2015 年 6 年末，平台累计组织 865 家次企业发行直接融资产品，融资额总计 152 亿元。其中，中小企业集合信托计划发行 812 家次，共计 108 亿元；发行中小企业私募债共计 1.9 亿元，票据融资 7 亿元，公司债 10.2 亿元，金融产品 25.4 亿元。三是推动创业投资发展。充分利用创业投资基金，完善创业投资政策环境和退出机制。截至 2015 年 4 月 13 日，约 575 家 VC/PE 机构投资了新三板市场 468 家挂牌企业，投资金额合计约 162 亿元。其中，北京有 95 家挂牌企业获得创投机构约 31 亿元的融资支持。

4. 健全信用增进机制

一是不断推动金融信用信息基础数据库等平台建设，加大科技型企业信用信息采集，完善科技企业信用评级和评级结果推介制度，为金融机构推广信用贷款等产品提供支持。以北京市为例，2007 年人民银行营业管理部组织银行推出中关村科技园区中小企业信用贷款试点，截至 2014 年末，近 30 家银行累计发放信用贷款 4369 笔、602 亿元。二是健全政府资金引导、社会资本参与、市场化运作的科技担保、再担保体系，支持融资性担保机构加大对科技金融企业的信用增进支持。以北京市为例，截至 2015 年 6 月末，中关村科技担保公司累计为企业提供担保融资 1317 亿元。其中，2014 年新增担保额 268 亿元，2015 年 1~6 月新增担保额 158 亿元。

二、当前财政金融政策协同中存在的问题

财政政策与金融政策的协同主要包含三方面内容：一是政策协同的机制安排；二是财政政策对金融政策的配合；三是金融政策对财政政策的配合。

(一) 财政政策与金融政策协同机制不完善

由于科技财政政策、科技金融政策分属不同的职能部门制定，因此，政策的协同需要各个层级的不同部门间的及时协调与沟通。由于缺少明确的科技创新政策协同机制安排，相关部门在如何协同以及协同目标的理解上容易产生分歧，特别是政策主辅上的分歧容易导致政策相互隔离。因此，长期以来，针对推动科技创新工作，尽管相关政策文件可能是多个部门共同制定印发的，但是，往往是每个部门负责拟定各自职责范围内的政策措施，最终使得文件成为各种政策的罗列，而非不同政策间的有效融合。另外，与科技创新相关的政策制定和实施存在中央和地方两个层面。中央层面所指定的政策是面向全国的，具有高度的宏观性和指导性。在政策落实上，地方政府层面发挥着至关重要的作用。因为全国各地的实际情况往往差距较大，真正要将政策落实到具体实践中并发挥作用，仅仅依靠中央层面的政策是不够的，必须有针对各地实际的细化的、有针对性的措施来贯彻。因此，这也说明科技财政和金融政策在地方层面协同的必要性更大。但是，目前地方层面往往缺少推动政策协同的有效平台。在地方层面，财政政策相关部门主要接受地方政府管理，而金融管理部门是垂直管理模式，不同的隶属关系往往会使得政策的协同上面临困难。

(二) 金融政策配合财政政策中存在的问题

一是金融政策对财政政策的资金支持效应不高。财政政策可以发挥撬动金融资源的杠杆作用。提升财政政策杠杆作用的主要方式是运用财政资金构建政策性担保体系、政策性小贷公司、风险补偿机制等，以此扩大科技信贷投放。但是，伴随科技信贷规模的不断增加，政府需要提供的财政资金将也需要不断增加，并可能形成对财政资金的过度依赖。从推动科技创新快速发展的角度来说，由于财政资金的有限性和硬约束，即使考虑财政资金的杠杆作用，单纯依靠财政资金投入的模式并不具有长期可持续性。但是，在实际中作为传统金融机构重要的流动性资金来源的货币政策，并未对财政政策主导设立的政策性机构提供有效的资金支持。

二是监管政策对财政政策的支持力度有待提升。地方政策通过设立政策性金融机构方式推动科技金融发展的方式有积极意义，但是，由于金融监管政策与财政政策间缺少有效协同，财政政策的作用受到一定程度制约。有种观点就认为，政府所提供的补贴与发放国有大型企业贷款所带来的利润相比，对商业银行管理者的激励作用依然有限[1] (Li 和 North，2012)。各级政府特别是地方政府利用财

---

[1] Li Xiao and David North. Institutional Transition and the Financing of High – tech SMEs in China: A Longitudinal Perspective [J]. Venture Capital，2012 (14)：269 – 287.

政资金主导设立的政策性金融机构是提升财政资金使用效率的重要方式，而从政策性金融机构稳健运营的角度来说，将政策性金融机构纳入国家统一的金融监管框架下是必要的。因此，针对政策性金融机构制定差异化的监管政策并提供一定的倾斜性支持将有助于提升财政政策的效力。但是，目前针对地方政府设立的政策性金融机构，相关的金融监管政策仍有待完善。特别是在提升相关机构的政策性功能方面，监管政策更多的是实施与商业性金融机构类似的监管要求，不利于政策性功能的有效发挥。

（三）财政政策配合金融政策中存在的问题

一方面，财政政策对于科技金融支撑体系的投入不足。目前，科技创新型财政政策主要通过激励机制设计，加强对金融机构、社会投资主体等的行为引导以及融资主体融资便利性和融资成本的扶持，对科技金融市场发展所需的支撑体系投入不足。例如，在科技创新主体普遍具有轻资产特征的背景下，知识产权评价、交易平台建设对科技金融市场的发展至关重要。完善的知识产权交易市场、专业的科技项目评估机构等可以有效推动金融资金向科技创新领域的流入，但是，目前我国服务于科技成果定价、评估、转移的市场、机构等的发展严重滞后。虽然各项专项资金中明确要对科技型中小企业公共服务平台和服务机构给予支持，但规定过于原则，也没有专业化的运行机构，财政对于支撑科技金融发展的基础性条件投入不足[①]（刘飞、常莎，2015）。另一方面，财政政策对金融机构等的支持力度不够。从金融机构的行为引导来说，金融管理政策特别是监管政策被认为是重要因素，但是，政府的财政激励往往能够发挥更为直接和有效的作用。以金融管理部门推动建立的科技金融专营机构等政策为例，专业化机构的发展不仅有利于金融机构服务专业化能力的提升，同时也有利于金融服务效率的提高。但是，财政政策的相关财政奖励、税收优惠等政策却尚未惠及上述机构。

三、财政金融政策协同的机制框架

（一）财政金融政策协同的可行性

财政政策与金融政策本质上都具备促进社会资源合理配置的功能。但两者作为独立的政策体系，形成差异化的政策资源。政策功能的一致性及政策资源的差

---

① 刘飞，常莎. 促进科技型中小企业金融服务发展的财政政策体系［J］. 经济研究参考，2015（7）.

异性使得财政金融政策的协同成为可能。

1. 财政政策与金融政策共同引导社会资源优化配置

主流经济学理论普遍认为，市场机制不是万能的，存在市场失灵，政府对市场的适当干预可以有效弥补市场失灵，优化社会资源配置。在科技创新领域，市场失灵突出地表现为正外部性和信息不对称。一方面，科技创新活动增加整个国家的福利水平，具有显著的正外部效应，其资源配置一般低于最优水平。另一方面，科技创新活动的高风险特点加剧了信息不对称的程度，使其往往难以得到充分的金融支持。

财政政策可以通过多种形式的转移支付来平衡经济主体的外部收益和外部成本，解决外部性问题，同时利用财政资金提供增信，解决信息不对称问题。货币政策与信贷政策相互补充，通过调整利率汇率、制定信贷投放指导意见等方式影响信贷市场，引导金融资源向政策扶持的产业流动。金融监管政策有利于防范系统性风险，保障金融体系平稳运行，增强市场信心，一定程度上也具备促进社会资源合理配置的功能。

2. 财政政策与金融政策形成差异化的政策资源

政策的制定与实施往往需要运用一定的人力、财力、工具、媒介等，这就形成了政策资源。财政政策与货币信贷政策、金融监管政策在政策工具、作用机制等方面各不相同，形成了差异化的政策资源。财政政策通过减税、补贴、政府购买等政府收支活动对社会资源配置进行调节，其形成的主要政策资源是财政资金及企业媒介。货币政策与信贷政策对货币信贷总量及结构进行调控，其形成的主要政策资源是金融机构流动性及银行媒介。金融监管政策通过制定关于金融主体资产负债行为等的规则，为金融资源的流动创造良好环境，其形成的主要政策资源是金融机构行为规则。

（二）财政、金融政策协同的必要性

财政政策、货币信贷政策与金融监管政策各自都具备优化社会资源配置的功能，但当这些政策独立存在时其功能的发挥往往受到一定程度的限制。当财政政策单独存在时，财政资金的产生和运用在一个相对闭合的体系内部完成，这就使得财政政策功能的发挥受到至少两方面的制约。在资金的来源方面，政策本身缺乏丰富的补充机制，特别是受到人口老龄化和各项支出压力加大的影响，财政政策的自我补给能力下降，财政可持续性面临一定的挑战。与此同时，累积的财政风险却可能向外溢出，转化为金融风险。在资金的使用方面，政策本身缺乏恰当的激励机制，资金使用效率不高。这主要是由于受扶持企业使用财政资金的成本较低。单靠财政政策的调整无法解决这一问题，企业享受税收优惠、贴息等的标准设置过低无法对企业投资经营行为形成充分的约束激励，过高则使拥有良好投资机会的企业可能无法得到政策支持，妨碍了财政政策功能的发挥。

货币信贷政策直接作用于金融体系，而金融体系配置资产注重风险收益的匹配。当货币信贷政策单独存在时，对于信贷资金向政策扶持产业的引导时常缺少更有力的抓手。实践中，2015 年以来人民银行多次运用货币政策工具，促进货币供给总量保持增长，同时通过定向调控引导资金向小微、"三农"领域流动。但伴随宏观经济下行压力加大及结构性的风险暴露，大量资金在金融体系空转，实体经济严重"贫血"，中小科技型企业融资难问题仍然突出。

最后，孤立状态下的金融监管对所有监管主体、监管行为采取"一刀切"的方式，财政政策的增信作用无法体现在金融监管中，使得金融监管一定程度上阻碍了金融资源向政策支持领域的配置。

（三）财政、金融政策协同的结合点

财政政策与金融政策协同，就是要实现几种政策间的资源共享。一是恰当运用货币信贷政策工具释放的流动性资源促进财政投入稳定增长机制的建立。二是利用金融机构的信息搜集与风险管理优势提高财政资金的使用效率，推动财政支持由直接向间接转变，更好地发挥财政杠杆功能，通过形式丰富的金融服务来间接实现对政策扶持企业的资金支持，同时强化对企业行为的约束激励。三是通过对财政资金、企业媒介等财政政策资源的运用，充分发挥财政杠杆作用，更好地实现对信贷资金投向的调控，实现货币信贷政策的调控目标。四是将财政增信作为风险计量等监管指标的重要影响因素，使得金融监管规则更加灵活化，从而促进金融资源在政策支持领域的优化配置。

四、政策建议

（一）建立功能完善和沟通高效的政策协调机制

在国务院层面建立科技创新推动工作小组，作为科技创新领域财政与金融政策固定的协调平台。工作小组由国务院领导任组长，具有科技创新领域财政政策和金融政策制定职能的部委参与，建立工作小组定期和不定期会议制度，统一负责科技创新政策的研究、部署和协调。同时，建立工作小组成员间的政策信息和数据共享机制，工作小组对共享的政策和数据内容予以明确，制定强制性的信息共享准则。在地方层面，建立由省市级政府主管领导负责的政策协调机制，构建

科技创新领域财政政策与金融政策的协调和落实的平台。

（二）金融政策应加大对财政政策的支持力度

进一步完善对地方政府主导设立的担保公司、小贷公司和融资租赁公司等政策性机构的监管政策，指导地方监管部门制定差异化的监管措施，充分发挥相关机构的政策性职能，提升财政资金的使用效率。加大简政放权力度，鼓励地方政府和合格民营资本发起设立专门服务于科技创新企业的民营银行。研究扩大政策性金融机构的负债来源，允许经营稳健且科技创新融资业务突出的政策性金融机构发行金融债、申请再贷款支持、到公开市场融资等，着重提升金融政策对财政政策的补充作用。

（三）财政政策加大对金融政策的配合力度

财政加大对科技金融支撑体系建设的投入力度。地方政府应优化财政资金投入，重点加大对信用体系、知识产权评估和交易平台建设的资金支持力度，积极构建并完善科技金融市场发展的支撑体系。地方政府应重点加大对科技金融专业机构的支持力度，通过财政奖励、税收减免等措施，配合金融管理部门制定的相关政策，鼓励和引导金融机构建立专门服务科技创新的事业部和专营机构，提升金融服务科技创新的专业化水平和融资服务效率，推动科技金融体系的快速发展。

（课题组成员：魏海滨、李海辉、张向军、吕潇潇、李晓闻、梁珊珊、赵晓航）